Canon 23

現代龍馬何處尋

寫在日本第三次開國前夕

張瑞昌 著

〔序〕

素描大島的背影

劉克襄

二十多年前吧，在台中老家晚餐後，偶爾會看見瑞昌的父親前來拜訪家父，一起喝茶聊天。一個晚上的光景能說的其實不多，但他們總能談得興頭十足。至於聊的主題為何，我不盡然清楚，僅隱約知悉，大抵是跟家族親友和故鄉烏日九張犁有關的大小瑣事。

為什麼兩人聚面，話匣子總是這麼熱絡，猜想與他們都在青少時離開九張犁，在外討生活有關。我父親是村子裡唯一的師範生，後來曾是很認真執教，為學童付出青春歲月的好老師。瑞昌的父親更是白手起家，以一己之力撫養弟妹，後來在台中掙出一番事業。

他們有好幾個微妙的交集，都是長男，來自同一個村落，又有著表兄弟的親戚關係，此外因家境貧苦，不約而同到台中打拚。如今年紀大了，總有自己成熟的視野，以及服務桑梓的心得，去觀看這個社會的脈動。而在面對家族的諸多人事困擾，或談及一些親友舊往時，想必也有各自的見識，可供彼此切磋吧！

初時，家父介紹瑞昌的父親，總是告知這位近親跟我之間叔姪輩的關係。原來阿嬤從小係自張家過繼來當童養媳，是他的親姑姑。後來，我繪過一張五十年前村落的草圖，了解自己孩提時，村人居住耕作的分布位置。還特別仔細問了，「阿嬤老家在哪裡？」原來從我們的竹筒厝後頭，走過一塊寬闊的水田就是阿嬤娘家的三合院，意即瑞昌祖父的故居了。

家父在談到瑞昌的父親，屢屢以其小時失怙，遭到家族長輩欺侮卻不喪志，做為一個自我奮鬥的典範。上一輩一肩扛起家庭的責任和自負，悄然地烙印在我成長的心靈過程，相信瑞昌應該有著更刻骨銘心的回憶。

而這樣閒話家常的場景，約莫有十幾年的時間持續著，每每我南下回家時，總有機遇邂逅。我也透過這樣的家族背景，理解著九〇年代兩位父執輩促膝長談時的交心，以及從這一地方人情世故的錯綜關係，感喟生命的是非和無常。

大概也是同一時間沒多久，我後來多半待在台北謀生，而瑞昌也恰巧來台北讀書。因為父執輩是這樣從小至深的交往情誼，同樣是長男的我們，很快就有了微妙的連接關係，偶爾也見面聊天。那時我已在社會打滾，但他不像一般大學生安逸於校園，反而早熟且積極地想跨進社會，接觸一些邊緣和弱勢團體。

循著本科的專長，日後他也順利進入媒體工作，彼此之間的交集和接觸就更加頻繁了。只是談事情甚少觸及九張犁，或者童年成長的事。解嚴後的社會變遷和接下來時代的紛擾，讓我們的青壯歲月，無暇於地方人事的瓜葛。每次聊天，台灣未來命運的大議題像個大黑洞，自然而然地吸引我們，投注了更多的探索和關心。

這樣的交往時斷時續，既淡又濃，晃眼竟也是二十多年歲月。就不知，我們的父執輩若看到這樣離鄉更遠的生活煩擾，而關切的都非家鄉地方事宜時，又有何看法了？

晚近數次搭高鐵，當列車緩緩駛進烏日站，想及兩代的家族交誼，我不免好奇，瑞昌怎麼看待這已然殘破存在的家園風貌？瑞昌外公家就在前方大度山下不遠的學田。那是他童年成長最美好的回憶。而其外公家深受日式教育啟迪，相信對他後來的書寫面向產生過深遠的影響。我的外公來自大度山另一頭的龍井，日治時代就讀台中一中，跟我有著學長學弟的關係，也給過我一些幽微的暗示。

我把這樣兩代間，不同組合的關係閒扯出來，或許讀者看序到此，恐怕要深感不解，這跟本書的書寫關係何在？

我如此刻意回溯，其實心裡自始隱然有個直覺，在閱讀瑞昌的文章時，若能了解此一成長背景，再進到每篇文章去思考，甚而連結這一系列隨筆的脈絡時，或能更深刻的體會作者敘述的背後情境吧。

什麼情境呢？做為一個他的忠實讀者，來自同一個中部農家貧困小村的身世，以及經過了這二三十年的社會洗磨，我是讀到了一種生命的氛圍。這種調性是我很想抽絲，娓娓道出的本質。

以前我們在閱讀跟日本相關的文章，針對書寫政治財經或生活文化議題的作者，勢必都會先浮升一個既定印象，嘗試著把他們視為知日派或親日派，或者由此再細微歸類。

而這樣的區分，大抵也有一個更大的歷史背景，或可再釐清。從戰後，日本對台灣的認識，大抵就出現真空狀態。台灣則在國民黨統治時期，也有著明顯地去日本化的意識。兩邊長期以來的文化認知，悄然地進入相互空白。老一輩受過日本教育的台灣人，對扶桑之國懷有極高的評價和孺慕。戰後國民黨來台則載來滿滿中國對大和民族的仇恨。久而久之，台灣看日本難免處於兩個難以相容的極端。

直到李登輝總統執政以後，情勢才有微妙轉變。日本對台灣開始有一個非國民黨的好奇，想要更加認識這塊曾經統治過的南方之島，而台灣也因本土化的鮮明意識，對這個曾影響深遠的大國有了另一番好奇。這個認識不再膚淺地停留於一些流行次文化的消費摸索。

瑞昌的日本書寫基本上是建基於這個時代的轉捩點，但經過一、二個年代政治的採訪洗練，他早已跳離這個記者層次，發展出自己觀察日本的角度。不論是陸續發表在《中國時報》的專欄，或者是一些個人感性的旅記。透過一則則新聞事件的敘述，都隱隱帶出台灣意識的思考。

他很清楚地把日本拉到一個點，和大陸相對，形成台灣視野延伸出去的等腰三角形。而這個位置最值得玩味的，不盡然是他旅居日本生活的逐漸養成，針對一個議題的深層關切，觸發心靈悸動的，其出發往往是從遙遠的童年時代，一個台灣鄉下小孩，糅合自己祖父、父親的視角，透過自己的眼光去凝視。多數時候，他是從這一個離日本最疏離最貧苦最不可能存在的底層角落，眺望日本，接近日本。

這樣以日本為定向，除了偶然或應然，似乎早有其必然和實然的因素。而這股濃烈的連結日本的台灣意識，也在這個時間點，在一個整個面向中國的流風中，更清楚地存在，超脫了我們習知的知日或親日。

他的書寫風味明白輕淡，彷彿閒散的釣魚者。只見魚兒上鉤時，他慢慢地拉回、拉近。仔細看，用的只是一條細線，一條彷彿很容易斷裂的細線，但卻緩緩拉出一條大魚的身影。那種平靜、平緩，或許帶著壓抑而成的客觀，或許隱含著諸多年少時代迄今的日本情結，但都明確地守在台灣的位置。

一種堅定的台灣生活價值，兼及一種異地疏離的旅行心境，清楚地內化在他的書寫裡。縱使敘述的是日本的政經社會議題，裡面流露的都是島與島的對照。這是瑞昌跟過去以日本為主題的書寫者最大的差異。我因為成長生命密碼接近他，我的閱讀便如此理解。

當我們積極地往西，努力和大陸對話時，瑞昌文章裡的日本，悄然成為台灣不可或缺的龐大背影。這個年代，風來草偃，但瑞昌從未轉向，仍定定地在素描島，素描一座大島，以及它不同位置不同姿勢的背影。

（本文作者為詩人、自然觀察作家）

推薦

歷史的今昔相照

翁炳榮

張瑞昌先生憑藉豐沛的史料研究以及深入詳實的觀察，生動地記錄了當代日本政治社會的變化。我認為對於近代日本歷史有興趣的人應該都會喜歡這本書，他從全新的角度切入，書寫日本經濟、社會、文化和藝術各層面的故事，評析其間的良善與醜惡、歷史與文化、英雄及其政治性格，並與現今活躍於日本政壇的政治人物交相對照。

正如作者所言，當今日本的確需要一位如同坂本龍馬般能捐棄私利、以國為念的新領導者。如果你對日本有興趣，也想深入瞭解日本各層面的問題，這是一本必讀的好書；此外，他充滿詩意的報導文學筆調，更增添可讀性，值得大力推薦。

（本文作者為翁倩玉父親、前中廣駐日代表、中視首任節目部經理）

推薦

來自台灣的亂反射

若林正丈

日本學者經常說：「我又開始亂反射了。」所謂「亂反射」，乃是指一種偏離預設主旨、讓其他種種話題紛陳的陳述方式。以學者治學而言，「亂反射」未必是一件好事；但如果是一名跨海採訪的記者，那麼「亂反射」就顯得彌足珍貴了。

本書即本人之台灣朋友張瑞昌先生旅日期間的「亂反射」記錄，內容從日本的內政、外交，兼及人物特寫，甚至社會、文化等種種面向無所不包。誠盼吾國友人與台灣讀者都能一讀。

（本文作者為早稻田大學教授、日本台灣學會首任會長）

編按：日文「亂反射」（乱反射）本意為物理現象「漫反射」，指單一光源投射在不規則表面，反射出許許多多道各種方向的漫射光。這裡引伸為「借題發揮」、「漫天開河」、「跑野馬」或「舉一反三」等意，但「亂反射」為中性用語，不若上述中文詞句略帶貶損之意。

推薦

新一代的知日派

野島剛

我是二〇〇四年第一次在東京遇見張瑞昌先生。

《朝日新聞》設有「海外記者赴日研修制度」——即邀請海外一流的記者在日本進行半年研修，其目的就是使他們在成為《朝日新聞》朋友的同時，也能成為一個知日派積極活躍在本國的相關領域。

在這個制度的支持下，張先生作為台灣的第一個朝日新聞客座研究員來到日本。當時我在朝日新聞東京總社的政治部，主要負責外務省方面的報導。在張先生研修期間，我和他時常討論日本的政治報導和政治制度，曾經多次面對面地進行交流。

在張先生返回台灣以後，我們的聯絡也從未中斷。二〇〇七年至二〇一〇年春季，我作為朝日新聞台北支局長常駐台灣。那段時間，張先生在採訪和人脈關係上給予我諸多幫助。

張先生此次推出他洞察日本的力作，可以說是《朝日新聞》邀請外國記者訪日研修制度最為成功的範例。我有很大的信心，台灣人通過這本書應能進一步了解現代日本的政治和社會。

（本文作者為朝日新聞國際編輯部中文組組長、前台北支局長）

推薦

孜孜不倦的追尋

金溥聰

瑞昌兄是我認識的記者朋友中，用功甚勤、筆耕不輟的佼佼者。他的個性誠樸篤實，他對新聞工作的熱愛，與採訪時所表現勇往直前、鍥而不捨的拼勁，令人敬佩。

瑞昌兄是台灣記者中傑出的日本通。他這次集結近年在《中國時報》發表的國際專欄文章，包括客座《朝日新聞》的見聞，對日本人文政情有鞭辟入裡的觀察，若想認識日本、理解日本，這本新書提供了一扇窗口。瑞昌兄的文字，兼具理性與感性，有著綿密的厚實感，我深信，閱讀這本書的朋友，一定會跟我一樣多所獲益。

（本文作者為中國國民黨秘書長）

推薦

開啓時代的大門

蘇貞昌

記者，既記錄時事，也寫下歷史；傑出的新聞工作者總能跨越每日新聞的侷限，以更宏觀的格局、更敏銳的視角，記錄時代轉換下歷史巨輪嘎嘎轉動的前進聲音，讓我們看到未來更清朗的面貌。

以筆記錄，寫時代的變遷、寫國家的脈動、寫人物的臉譜。張瑞昌從日本政治入手，旁及社會、文化觀察，再放大到近代以來日本在國際舞台的興衰浮沈，既是個人深情出入於日本歷史與風土人物間的探索旅行，也提供了我們瞭解當代日本的最佳觀察。

台日之間，有歷史的交會、有社會的交流、有經貿的往來，更有文化的共鳴。從日本的種種省思台灣，其實有不少足以讓我們借鏡、啟發的地方；當日本正在尋找現代龍馬之際，我衷心期待，台灣的新世代也能夠懷抱熱情與理想，勇於迎向新未來，奮力推開屬於自己、屬於新時代的大門！

（本文作者為前行政院長、前民進黨主席）

〔自序〕

一生懸命

從那須搭往東京的新幹線，火車剛駛離月台邊，我就開始惆悵，夜色沉沉，思念綿綿，疾行的鐵道上乘載著感傷的心情。雖然旅行已近尾聲，但回憶卻不斷湧現，瑞宜和佐藤在剪票口駐足，向月台上的我揮手送別，宛如在腦海裡定格的影像，清晰如一幅恆久的畫作。

曾幾何時，離別的月台已成了我最深刻的日本記憶，無論是和好友的離別、重逢，或者是獨自旅行的過程，月台總是默默地見證我的人生離情。多年後，我在倉本聰的《來自北國》（富良野三部曲之一）看見熟悉的動人畫面，明瞭月台與生命的緊密關係，原來人生有數不清的悲歡離合在此上演，而我們卻始終不察，或者似有若無地感受過，只有隨著年歲漸長，才知道那是從小讀朱自清的〈背影〉就深藏其中的生命密碼。

瑞宜是我以前的報社同事，也是台中同鄉，她與在《下野新聞》任職的佐藤結婚，兩個人在栃木縣過著神仙眷侶般的生活。佐藤從東京的慶應義塾大學畢業後，就立志在鄉下地方跑新聞，瑞宜因為我的推薦參加台灣記者協會，在一次代表記協出席國際會議的場合中，與天性樂觀的佐藤相識、相戀，進而共結連理，譜出了一段美好的台日聯姻。

某種程度來說，我算是瑞宜和佐藤的媒人，她遠嫁東洋之初，如多數異國婚姻，有一段辛苦的適應期。那時我正好在東京研修，特地跑去宇都宮看他們，聽一對新人聊起台灣和日本的生活習慣、文化差異，好不羨慕。但甜蜜的背後總有不為外人知的辛酸，譬如那時瑞宜要拿日本駕照，卻在報考過程中備受刁難，心情經常盪在谷底。從上山下海的地方記者變成凡事都得仰賴先生的家庭主婦，如果不是佐藤的溫柔陪伴，平撫生活中的挫折，堅強如瑞宜這樣的台灣女子，其實也會有脆弱的一面。

我認識一些日本朋友，他們的另一半都是台灣女性，有大學教授，也有在外務省工作，而他們對台灣的好感，除了愛屋及烏之外，也有部分原因是來自島嶼之間的親善感，以至於彼此吸引。但不盡然都是寶島女孩嫁日本人，台灣男娶櫻花妹的例子也所在多有，一位在政府部門任職的駐外朋友，他和日本老婆就是在留美期間結識，後來因為職務調動的緣故，他們也曾在台北、東京兩地跑。

異國婚姻不只需要勇氣，也需要更多的尊重、包容及體諒。因為在他們背後的家族、親友和人際網絡，甚至整個社會環境、生活習性、文化價值，無非都是一個衝突和融合的過程。我從周遭台日朋友的婚姻找到一些理解與領悟，那是屬於兩個島國之間千絲萬縷的糾結，像是見證了台灣與日本兩種海洋文化的交會，也接續了電影《海角七號》中那一段令人感動的愛情故事，從而催促我去回溯自己成長過程中的生命記憶，並且嘗試以媒體人的角度觀察、解讀乃至詮釋當代日本的政治發展、社會變遷及文化內涵。

我最初的日本記憶來自一把武士刀，那是世代務農的外公放在儲藏室裡的日據古物，旁邊還有一把用來練武防身的木刀。然而，隨著年代久遠，武士刀早已生鏽缺角，不堪使用，有如廢鐵般被棄置在農舍角落。在童年記憶中，每次回三合院的外婆家，總是偷偷拿出來把玩，想像自己是浪跡天涯、劍術高強的武士，模仿《暴坊將軍》、《水戶黃門》等時代劇中打擊貪腐特權的俠義角色。

那也是我和外公的記憶連結。日本殖民統治時代，外公在鄉公所任職，村裡頭貧困的農家，為了私藏一點剛收成的米糧，不想讓日本巡查發現，經常得躲躲藏藏，而他則是一個宅心仁厚的掩護者。戰後，國民政府大力推行「國語運動」，鄉下地方不僅多文盲而且台語、日語夾雜，知識水準相對較高的外公，因此成了村內寫信、看公文的請益對象，太陽下山後，村裡有專門為農民開設的夜間私塾，外公自然當起教「國語」的老師。至於武士刀、木刀，則是外公在曬穀場教人打拳頭的兵器之一，印象中還有農用的加長型鐮刀、柴刀、爪耙和雙節棍。

人生有一半是在殖民統治下的外公，其實很本土化，但不容諱言，他的語言、思想及價值觀，也深受日本文化的影響。夜不閉戶的社會治安，以及惜情好禮的待客之道，都是我兒時經常聽到「日本經驗」好的一面，那些坐在板凳上聆聽他講古，有如天寶年間的往事，即使在外公已經過世多年之後，依舊歷歷在目。我常想念外公，他寬厚樸實的為人，有來自這塊土地的哺育，也有跨越殖民和戰後的磨練。對於無從選擇的異族統治，外公讓我看見台灣人的真誠、包容與生命韌性。

外公帶我遙想他的「日本時代」，而我第一次的日本行卻是要等到出社會做記者之後。一九九五年九月，那時夏天已經接近尾聲，京都嵐山快要染紅前的楓葉，以及初次直闖居酒屋比手畫腳的畫面，都讓我留下深刻印象。與我同行的是宜蘭縣省議員劉守成，他為人豁達開朗，談吐幽默風趣，有這樣的朋友結伴自助旅行，其實是人生快意。我們從關西進、關東出，一路上都是隨意而行，每每在不經意的地方轉彎，有著一種「山窮水盡疑無路、柳暗花明又一村」的驚奇感受。

在那回與日本的初次邂逅中，箱根溫泉是旅行的一大重點。從小田原搭登山鐵道要前往強羅雕刻公園，由於天候太晚，我們臨時決定中途選個驛站下車，並且隨機挑了一間簡單的旅館下榻，後來才知道那個驛站叫「宮之下」，而原名為「武藏大旅社」的旅館，也已原地改建為「武藏野」。宮之下是著名的溫泉區，國父孫逸仙住過的旅館就在這裡，而武藏野（後又更名為箱根吟遊）更是早已搖身一變為當地頂級的豪華溫泉旅館。十年後，我舊地重遊，路過武藏野參觀，巧遇至今還在旅館服務的內將，聊起老旅社的點點滴滴，備感親切之餘，也想起初次旅日的記憶，幸運之神將我從臨時起意下車的月台帶到這坐擁翠綠山林的人間美景。

那趟自助旅行後，我像許多哈日族一樣，開始喜歡走訪日本。舉凡野球、日劇、動漫、音樂、料理，乃至與庶民生活相關的文化事物，都成了我極感興趣的領域。直到二〇〇四年夏天，我因緣際會受聘為朝日新聞客座研究員，在東京進行長達半年的研修學習，從此改變了我的「日本觀」，包括我對日本的認識方法、研究途徑及思考角度，都和過去有了很大的轉變。

日本學界的「台灣通」若林正丈教授，曾形容《朝日新聞》是「天下第一大報」，那是我在東京大學拜訪時，他對這份左派報紙令人印象最深的評語。發行量高達八百三十萬份（晚報則有近三百萬份）的《朝日新聞》，有著讓我瞠目結舌的組織規模與人力、物力資源，單單一個航空部門，就叫人嘖嘖稱奇。我從未想過竟然有媒體會配置四架直升機，分別提供北海道、中部、關西及九州等四地採訪，除此之外，報社還有一架專門因應緊急任務之需的空中巴士。一九九九年，台灣發生九二一大地震，《朝日新聞》動員二十幾個記者組成採訪團，自家的行政專機立刻派上用場。

那次的東京學習，由於我的老東家、前中國時報董事長余建新的協助，使我在無後顧之憂的情況下，得以深入地體驗日本這個國家。透過報社安排，我一邊上日語學校，一邊和亞洲事務局的同事工作、生活，走訪國會議員、大學教授和政府智庫、研究機構。我的旅行足跡，以東京為軸心擴及埼玉縣、千葉縣和神奈川縣等關東圈，並且往中部的名古屋、關西的京阪神延伸，新年過後，再從氣候、景致彷若澎湖的沖繩群島到冰天雪地的北海道。我經常在假日獨自出遊，不管是漫步在早稻田大學校園或是搭京濱東北線去橫濱港口，總是一只背包伴我走天涯。

儘管已相隔五年，但住在東京人形町的學習生活，卻充滿美好的回憶，那段時間的旅日研修是我職場人生的轉捩點，我像一塊海綿般拚命地汲取在「天下第一大報」學習的養分。當時的日本學界、媒體興起所謂的「亞洲學」，有關的研究討論氣氛熱烈，因明治維新時「脫亞入歐」而躍居強國之林的日本，在歷經高速成長卻跌入長達十多年「泡沫經濟」的衝擊之後，逐漸體會到中國、印度崛起所帶來的巨大影響。政界、學界及企業界皆認為，一個新興的亞洲將成為未來世界的重心，也是日本二十一世紀所面臨的嚴肅課題。

重新了解亞洲、關心亞洲及聚焦亞洲，因而成了我旅日期間感受最深刻的研修收穫。回顧那六個月作客東洋的學習之旅，我必須承認，一股自二十世紀末就展開的「亞洲學」浪潮，冥冥之中為我搭起從台北到東京的橋梁，並且讓我認知到自己未來窮盡一生之力所追尋的人生目標，就是要持續地探索日本，觀察日本，也記錄日本。

將「研究日本」視為今後一生懸命的領域，其實是我後來之所以在《中國時報》撰寫國際專欄的緣起。二〇〇九年三月十日起，我開始在中時言論版面開闢以日本為主題的專欄寫作，初始六篇是我剛結束二月訪日的見聞心得，以國內政治及中日、台日等雙邊關係為主，繼之我將研究觸角延伸至社會觀察、文化趨勢及當代人物，此後，我每週都埋首於「研究日本」的興趣裡，大量閱讀與此相關的媒體資訊，或是和來訪的日本友人交換意見，為讀者寫出一篇又一篇的時事評論，也為台灣開啟一扇觀察日本的窗戶。

二〇〇五年春天，我在離開東京之前，特地拜會了朝日新聞論說委員船橋洋一，除了針對此行研修請益之外，也希望這位曾擔任過華府、北京兩地特派員的政論家，能給我的故鄉台灣一些建言。出生於中國滿洲（即東北）的船橋，是前首相小淵惠三的重要智囊，小淵訪美時指名邀請船橋同行，美國國務卿希拉蕊首次訪日時唯一單獨會見的新聞記者也是他。我的朝日同事淺野說，船橋洋一是《朝日新聞》的招牌，「現在已不是他靠朝日出名，而是朝日需要他。」

多年後，我回想拜會船橋洋一的過程，有如幕末志士坂本龍馬初見勝海舟的驚奇。船橋暢談他對台灣、日本及世局發展的看法，而我多半安靜地聆聽受教，船橋認為，台灣和日本相同，都是島嶼國家，唯一的出路就是大海，應該要重視與海洋相關的問題。事實上，船橋的「海洋論」是日本自明治維新以來對國家發展戰略的思考主軸，但與抗衡「大陸論」有所不同的是，他主張探討海洋的問題，必須擁有像海一樣寬廣的胸襟，也就是以合作取代對抗，讓分享創造雙贏。

重回亞洲和海洋立國，與日本社會從二十世紀末浮現的「第三次開國」聲浪，有許多若合符節之處。幕府末年歐美列強叩門，促使日本結束鎖國，走向工業化時代，「第一次開國」讓日本先後擊敗俄國、大清帝國，進而對亞洲各國展開殖民侵略。繼之，二次戰敗後的日本百廢待舉，由於美援帶動國家復興、經濟起飛，這堪稱「第二次開國」的經驗讓日本興起追逐「世界第一」的夢想。而我何其幸運地在第三次開國的社會氛圍中躬逢其盛，開始體驗、感受及記錄一個新時代、新世局的來臨。

與漫長的職場歲月相比，我的旅日時間雖短暫，卻充實而飽滿，尤其是一路陪伴我的朝日新聞亞洲事務局幹事淺野千明、東京大學博士候選人陳景揚，這一老一少的台日友人，是我那段孤寂生活的良師益友，我們常在繁忙的地鐵月台上道別或重逢，那或許是一趟跨海採訪的研究旅行，也可能只是一次酒酣耳熱的消夜聚會。總之，未曾負笈海外的我，拜應聘為朝日新聞客座研究員之賜，開啟一生懸命之路，返國後繼續未成完的台大碩士論文，最終還將研究見聞書寫成篇，連同我在旅日期間十多篇的家書、雜文，一併收錄、集結付梓。

每個人的生命裡總是有不同階段的情誼組合，許多時候，我們為「有緣千里來相聚」而感動，但「人生何處不相逢」的驚喜，卻往往更能體現生命的神奇。我撰寫的專欄刊載一年多以來，除了有不少親朋好友、報社同事及採訪對象加油打氣之外，也讓我結識了一些素昧平生的旅日前輩，比如前台大醫院牙科主任韓良俊、復華投顧董事長張紹濱，他們是真正的「日本通」，以忠實讀者的身分熱心地提供許多建言，像黑夜中的星辰，使我在踽踽獨行時，不至於茫然失去方向，甚至因為那不滅的星光帶路，而懷抱持續耕耘的勇氣與使命感。

要感謝的人很多。曾給我鼓勵的讀者，無論識或不識，都是鞭策我前進的力量；睽違已久的朋友，在重逢時的一聲讚許，也是督促我永不鬆懈的動能；至於每逢假日忍受我廢寢忘食的筆耕，卻總是給予諒解的家人，則是我寫就此書的後盾。回首一年多來的日本政局，歷經政黨輪替、美軍基地搬遷紛擾、第二大經濟體退位等連串震盪，以及中國崛起壯大的衝擊，翻滾的太陽國猶如幕府末年遭逢內憂外患的列島命運。對我而言，活在時代急遽轉變的當下，能透過書寫穿越時空，連結生命轉折的日本記憶，並藉由筆尖遊蕩古今，描繪人生底蘊的東瀛地圖，誠然是一生值得拚命而為的樂事。

我很喜歡「一生懸命」這四個字，日文意思就是拚了命努力去做。這讓我想起英年早逝的坂本龍馬，他是「一生懸命」的典範，為了追尋人生的夢想，不惜脫藩、闖蕩四方，推動倒幕、籌建海軍，窮畢生之精力為團結保衛日本而奔走，龍馬的愛國熱情、寬大胸襟和劍及履及的行動力，讓他成為日本人最喜愛的歷史人物。司馬遼太郎在《龍馬來了》終章寫到幕末風雲的坂本龍馬遇刺時，以「天意」形容龍馬的死去，他這麼寫道：「那一夜，京都的天氣陰濕，沒有星星。但是時代已經扭轉了。年輕人用手推開了這扇歷史的門，然後推向未來。」

雖然晨星殞落，但坂本龍馬推開了歷史之門。在這皓月當空、略帶寒意的深秋之夜，我想我也悄悄地推開自己的日本之門了。

二〇一〇年秋分寫於台中

目錄

輯二　風動的方向——國際關係

輯四　熒熒的光輝——時代人物

輯五　神樣的使者——東京隨筆

輯一　永田町風雲——日本政治

永田町的焦慮和等待

永田町眾議院議員會館的大廳，一如往常擠滿等待會見的政府官員、企業主管及社會團體，人們來來往往、絡繹不絕，像極了大醫院的候診室。二月下旬的東京街頭依舊忙碌，冷冽的空氣中瀰漫著一股焦慮氛圍，和首相麻生太郎很「麻吉」的財務大臣中川昭一，在羅馬G7（七大工業國）會議後的新聞記者會上，一場丟人現眼的醉言風波，鬧得舉國譁然，更為政局增添幾許不安。

坐在我眼前的自民黨眾議員小池百合子，就印證了這種氣氛。她穿著一襲剪裁合宜的深黑羊毛套裝，高領的桃紅毛衣搭配黃金項鍊，簡單俐落，符合她主播出身的一貫風格。按理說，這位曾挑戰自民黨總裁的女政治家，應該氣定神閒、姿態優雅，但她故作鎮定的表情下卻顯得有些浮躁，對希拉蕊訪問、日美同盟發展等問題的回答心不在焉，旋風似的結束訪談後，便急著趕赴下一個行程。

面對台灣媒體，向來親台的小池雖樂於排出空檔接見，卻也只能來去匆匆，講些「日美共同合作有助於強化對中嚇阻力量」之類的場面話。然而，這正是永田町當前的寫照。對小池而言，此刻的自民黨面臨空前嚴峻挑戰，預定今夏登場的眾議院改選，很可能就此終結自民黨政權，「勤跑選區」已成了個人政治生命延續與否的關鍵。不只是小池，就連安倍內閣時期任官房長官的眾議員塩崎恭久，也是因為在愛媛縣跑基層趕不回東京，以致在最後一刻才放棄接受訪問。

缺少小泉魅力的自民黨，像是在大海中泅泳的溺水者，短短三年不到已連換三個首相，從安倍晉三、福田康夫到麻生太郎，每一任的民調都每況愈下。財相中川捅出疑似醉酒風波之前，日本NTV對麻生政府所作最新的支持率，竟慘跌至九．七%，這是繼前首相森喜朗之後，日本歷來支持率第二最低的政府。一位日本朋友甚至自嘲，比過去台灣扁政府最低迷的時候還要慘不忍睹。

「套句日本人常說的，民眾現在對自民黨的賞味期已經過了。」在新宿的港式飲茶，NHK主任研究員山田賢一不滿地說：「我保證，有百分之九十五的選民希

日本國會議事堂。

望政黨輪替」、「因為自民黨腐敗無能，早已沒有『三角大福中』那些派閥當權的盛世（即三木武夫、田中角榮、大平正芳、福田赳夫、中曾根康弘等歷任首相）」。山田是多年老友，從來都是他問台灣政情，但這回聊日本政局，他比台灣人罵扁案還激動：「日本很多政治家都是二世、三世，但他們多半不如一世。」

大嗓門的山田還說：「雖然人們對民主黨不怎麼放心，但對自民黨實在太失望了，現在社會已經有不妨讓民主黨做看看的民意期待。」他越講越興奮，讓我想起同一天拜會的小池百合子，與四年前空降東京第十一選區，對反小泉郵政改革的老牌議員小林興起執行「刺客任務」相比，此刻的政經環境已不可同日而語，小池之所以像明星般趕場，那是因為自民黨氣勢已大不如前，倘若不賣力、沒有危機感，即使曾是「塗口紅的女忍者」的領頭羊，也有落選之虞。

相較於一九九三年因政黨分裂而出現的變天，自民黨此次面臨的挑戰更勝以往。參議院已是「朝小野大」的局面，大嘴巴的麻生內閣又是狀況百出，來勢洶洶的民主黨儘管有內部整合和若干政策路線偏離主流民意的隱憂，但在多數國民心中，沒有人會低估黨魁小澤一郎。這位被小泉純一郎評價為「精通選舉的強力對手」的老狐狸，出道甚早，他是田中角榮的門生、人稱「政壇妖怪」金丸信的寵兒，曾合縱連橫搖撼「五五體制」，被形容是左右近廿年日本政局的「惡魔」、「破壞王」。

熟悉台灣政局的朋友說，小澤是「日本的宋楚瑜」，他長袖善舞，懂得翻雲覆雨，早該當上首相。在日本頗具有影響力的《文藝春秋》，去年底發表一篇題為〈小澤一郎研究──其病魔與鐵腕的真實〉的文章，揭露他許多的「陰暗面」，健康問題也成了小澤能否問鼎首相的致命傷。

此刻的永田町，讓我覺得似曾相識，包括最近小澤遭指控非法收取政治獻金，都宛若是台灣二〇〇〇年大選前爆發興票案的翻版。然而，即使如此，日本是否也會如台灣一般，因為對國民黨的黑金政權徹底失望，人民最終還是願意給不盡成熟的民進黨一個機會呢？

從中國廣州調回東京的朝日新聞記者鈴木曉彥，在居酒屋裡堅定地跟我說：「百分之兩百肯定會變天，我跟你打包票，日本和美國一樣，執政黨都是民主黨！」

後記：永田町的美女刺客

永田町位在日本東京都千代田區南邊，參眾兩院議事堂、總理大臣官邸、各政黨本部皆群聚於此，地名源自於江戶時代初期的「永田馬場」，為象徵國家統治權力中樞的代名詞。

小池是我那趟日本行最想訪問的政治家，她不僅是台灣熟悉的國會議員，也是首位女性防衛大臣。更重要的是，負笈開羅且嫻熟阿拉伯語的小池，堪稱是小泉純一郎旗下「美女刺客軍團」的一姐，而能和武功高強的女羅剎一會，理當不虛此行。

日本兩大家族的世襲之戰

一九五四年十二月，五度組閣、擔任首相七年兩個月的吉田茂，在外有政敵發動不信任案、內有幕後金主要求去職的雙重壓力下，黯然離開永田町，臥薪嘗膽許久的鳩山一郎，終於如願以償，接任總理大臣，並在翌年促成自由黨與民主黨兩大保守勢力合併（即現今自民黨），以抗衡當時因左右統一而廣受歡迎的社會黨，展開長達三十八年的「五五年體制」。

吉田茂是確立戰後日本發展路線的旗手，鳩山一郎則是催生一黨獨大體制的始祖，他們之間充滿爾虞我詐的權力鬥爭，不僅是盟軍佔領期最具戲劇張力的政治戲碼，也是開啟日本戰後世襲政治的源頭。直到今日，新任民主黨黨魁鳩山由紀夫對首相麻生太郎的挑戰，彷彿就是延續鳩山、吉田兩大家族半世紀前恩怨的爭鬥。

一九四六年十月，戰後的第一次國會大選，鳩山一郎率領剛成軍的自由黨躍居最大黨，正當他意氣風發準備組閣之際，卻因過去與軍部合作的極右派經歷而遭盟軍總司令部發出整肅令，禁止擔任公職。鳩山在此時找上外交官出身的吉田茂，力勸不諳政黨政治的吉田接任首相，暫時接管政權。性格孤傲的吉田和老謀深算的鳩山約法三章，除了「不為黨募款、不干涉組閣及隨時可以不幹」的三不條件之外，還說好「只要整肅令解除、就歸還政權」。然而，鳩山沒想到那個勉為其難的矮個子，竟然扮豬吃老虎，在內閣人事、國會運作上和他全面決裂。

忍氣吞聲的鳩山一郎，私下透過美國中情局（CIA）等管道的運作，數年後讓華府同意撤銷整肅令，但吉田依舊不為所動，拒絕交回政權。為了拉攏美方支持，鳩山拉幫結派，孤立吉田。他以「聯美反共」為由，提出「自主外交、重建武裝」等訴求，藉以區隔對手的「親美、輕武裝」等主張。當年鬥爭激烈，鳩山派抨擊吉田內閣「沒有建立獨立日本的抱負」，吉田派也指責在野黨「仰賴美國支持」、「嚴重背棄日本民主政治」。雙方鏖戰數載，始分高下，從此揭開「經濟優先」與「民族主義」兩條執政路線的拉鋸。

五十多年後，吉田茂的外孫麻生太郎與鳩山一郎的孫子鳩山由紀夫，繼續這場家族未了的政治恩怨。麻生一如他的外祖父，有著傲人身世和聯姻背景，吉田茂的生父竹內綱是民權運動家，他因幼年家貧過繼給橫濱貿易商吉田健三，意外地繼承巨大遺產，吉田還娶大久保利通（明治維新三傑之一）次子牧野伸顯（曾任外相）的長女。至於麻生太郎的父親麻生太賀吉則是來自九州財閥之後，曾當選三屆眾議員，並成為吉田茂的重要助手，麻生本人不只娶前首相鈴木善幸之女，妹妹也嫁給平成天皇的堂弟三笠宮寬仁親王。

相較於麻生宛如日本近現代史的縮影，被形容像是美國甘迺迪家族的鳩山一家，亦有不遑多讓的顯赫家世。鳩山由紀夫的曾祖父鳩山和夫是明治時期的政治家，文部省第一期留美學生（耶魯大學法學博士），曾任眾議院議長、早稻田大學校長；祖父鳩山一郎的經歷不在話下，就連父親鳩山威一郎也曾任參議員和外務大臣。細數鳩山家族四代，都是東京大學高材生，由紀夫也有史丹福大學博士學歷，外祖父則是輪胎業龍頭普利司通（Bridgestone）創辦人石橋正二郎。

然而，鳩山家族這回在爭逐天下的舞台上卻出現分裂場面，鳩山由紀夫與其胞弟、總務大臣鳩山邦夫身處敵對、各扶其主，宛若是歷史大河劇重現的情節。鳩山兄弟原本攜手共創民主黨，卻因邦夫堅持以無黨籍身分接受跨黨派推薦參選東京都知事，和由紀夫鬧翻，轉而出走投靠自民黨小淵惠三。鳩山由紀夫曾對此說過，「人各有志，雖是親兄弟，但兩人政見主張不同，也能作此選擇。」

政治有時候看似殘忍無情，有時候又會流露人性，鳩山邦夫在談到兄長當選民主黨代表時評論說：「大家都看到我哥哥是依靠小澤的力量當選的，希望他能努力擺脫小澤。」這位知名的蝴蝶標本收藏家也不忘提到，兄弟倆並肩採集蝴蝶做標本的童年往事，「作為弟弟的想對他說，獲勝很好啊！如果透過對話能找到兩人一起實現的事情，我願意共同奮鬥。」

這是遞出和解的橄欖枝，也是先禮後兵的鴻門宴，以家族之名、以父祖為誓的政權爭霸，將在夏末初秋的九月登場，那會是一場令人期待的世襲之戰。

後記：鳩山家族的榮光

兩大家族的世紀對決，最後是鳩山由紀夫勝出，不僅實現政黨輪替的夢想，也接續了祖父鳩山一郎曾任總理大臣的棒子。對鳩山家族而言，祖孫兩代分任首相，放眼當今日本政壇，無人能出其右，這是何等驕傲的榮光。但勝選的喜悅僅僅維持八個多月，鳩山即因無力處理普天間基地搬遷等問題請辭下台。

至於鳩山邦夫呢？由於不滿自民黨內鬥，憂心改革無望，後來也二度脫黨，與其他同僚另組次團。鳩山兄弟性格迥異，哥哥由紀夫雖是理工出身，但說話經常天馬行空，更因他的眼睛外凸而遭譏諷是「外星人」；反倒是學法律的弟弟邦夫，具有鐵腕精神，擔任法務大臣期間，批准處決十三名死刑犯，被人權團體形容是「死神」，此外，他也還是世界知名的蝴蝶研究專家。

麻生末年的鳩山之亂

為了郵政株式會社社長西川善文的去留問題，與首相麻生太郎意見不合的總務大臣鳩山邦夫決定辭職，麻生因此把鳩山請到官邸辦公室當面勸說：「我會讓西川下跪向你道歉，也會要他對問題的改善做出承諾，」麻生話鋒一轉，「但是在這個基礎上，我希望可以讓西川繼續連任。」

鳩山邦夫沒有領情，他冷冷地回答說：「事情沒有那麼簡單，西川應該道歉的對象是全體國人，我不會接受這麼荒唐的妥協方案。」兩位昔日並肩作戰的政治盟友陷入一陣沉默，鳩山開口問道：「要換掉我嗎？如果要我辭職的話，我會提出辭呈。」

麻生隨即堅決地回應：「在我競選自民黨總裁這個最艱困的時期，你擔任我的選舉對策總部長（相當於競選總幹事），然而，此刻真是讓人感覺淒涼。」

十二日上午的官邸會談在決裂的感傷中落幕，當天下午鳩山立刻遞出辭呈。距離六月五日晚間，麻生與鳩山那場相談甚歡的密會，也不過一個禮拜，當時鳩山手握白蘭地酒杯，回顧過往的黨魁戰役，有感而發地跟麻生說：「雖然有人說『麻生當不了首相，支持他會讓你受損』，但我為此奮鬥兩年，至今仍覺得非常幸福！」

誰能料到，麻生就在此時暗中徵詢黨內大老、前首相森喜朗的意見，也評估鳩山邦夫離去可能引發的出走效應，並比較撤換西川後導致前首相小泉純一郎、前自民黨幹事長中川秀直等人反彈的政治動盪，麻生最終做出捨棄盟友的決定。再度約見鳩山之前，麻生向身邊幕僚暗示，「鳩山為人已不可信」。

透過媒體的調查、描述、鋪陳，麻生與鳩山的決裂經過，堪稱是日本近年來頗具戲劇張力的政治鬥爭，這對政壇至交竟然會在眾議院改選之前分道揚鑣，不僅跌破眾人眼鏡，也對詭譎多變的日本政局帶來衝擊。由於「鳩」字是日文的「鴿子」之意，鳩山的離去被媒體形容是麻生政權的「鴿子危機」，他的兄長、即準備挑戰麻生的民主黨代表鳩山由紀夫比喻說：「現在日本政壇有兩隻鴿子，對麻生首相發難」，「一隻從正面進攻，另一隻則從內部剜其內臟。」

兄弟殊途同歸，合力奪取天下，或許只是時間早晚的事情。但在此之前，鳩山自比明治維新三傑之一的西鄉隆盛，卻使得「鳩山之亂」更平添幾許歷史蒼涼之意。

鳩山模仿西鄉隆盛誓師之名說：「我並不是放棄自民黨的政權，而是有事要質問政府。」西鄉被視為代表下層武士改革派的領導人，他以「質問政府」為名，率領薩摩軍揮師北上，在熊本城對決政府軍，最後兵敗負傷退回鹿兒島，並切腹自殺。西鄉隆盛一生淡泊名利、熱情洋溢，在民間享有很高的聲望，儘管他最後以悲劇收場。

選擇最受日本人愛戴的明治維新人物，其實是鳩山試圖為自己的造反塑造正當性。因為郵政民營化是小泉首相任內最重要的改革，當初在眾議院表決的改革議案，曾重創自民黨，為今日的黨內紛爭埋下伏筆。鳩山要師出有名，以婦孺皆知的西鄉隆盛（東京上野恩賜公園就有他的銅像）為榜樣，不失為高招。

鳩山決戰的表面目標是西川善文，實則隱然指向背後的影武者——「民營郵政之父」小泉純一郎。曾任全國銀行協會龍頭、三井住友金融集團代表取締役的西川，向來是公認的金融界前輩，但這回他被質疑賤賣公營旅館再轉手自家經營的歐力士集團，這項醜聞讓自己的位子搖搖欲墜，幸賴小泉適時伸出援手，警告政府不要插手民間公司人事，令麻生太郎左右為難。

無論如何，麻生做出了確保政權維繫的抉擇，對他而言，讓鳩山去職或許猶如自斷雙臂，但這絕對比避免郵政民營派發動倒戈要來得讓人鬆口氣，因為若是後者，小泉、中川秀直等重量級要角一定會拉麻生下台，此舉已形同直刺政權的心臟地帶，屆時自民黨勢必分裂。因此，以鳩山辭職換西川留任，似乎還是比較保險的作法。

不過，鳩山邦夫畢竟曾是麻生奪權的政治操盤手，他發動的戰爭不會只是像西鄉隆盛高舉反政府的旗幟而已，也沒有那種悲壯氣勢。從鳩山由紀夫已率大軍兵臨城下的角度看，反倒比較像是一場裡應外合的大會戰，鳩山家兄弟聯手，其利能否斷金，且看下回分曉。

後記：末代武士西鄉隆盛

西鄉隆盛是我認識的第一個幕末歷史人物，而且就是在東京上野恩賜公園，那時候有個朋友對他極為崇拜，對西鄉的研究如數家珍。但事實上，西鄉為了維護士族權益，最終選擇走上與維新政府決裂的道路，他所代表的卻是傳統舊勢力，想方設法勸阻的好友大久保利通，反倒成了進步與現代化的象徵。

自比為西鄉隆盛的鳩山邦夫，並沒有落至戰死沙場的地步，不過他的辭官舉動，卻是壓倒麻生內閣的最後一根稻草。西鄉隆盛一生充滿傳奇，也深具悲劇色彩，然而，鳩山邦夫充其量也只能像多數日本人一樣，對西鄉「心嚮往之」罷了。

逆風中的刺客

「自民黨現在處於嚴重的逆風中，我們年輕一輩要為黨內重整而戰鬥」，眾議員佐藤由佳里在東京都世田谷區街頭聲嘶力竭地向選民訴求，這位身為前首相小泉「刺客軍團」成員之一的美女經濟評論家，正為自己的選情而告急。

日本即將在八月底舉行眾議院大選，四十八歲的佐藤，上次銜命對當時的郵政大臣（現為消費大臣）野田聖子進行刺客任務，雖然以些微差距敗北，但她靠著比例代表當選。這次她回到出生地參選，以新人姿態在東京五區出馬，形勢頗為艱困，她的競爭對手、民主黨手塚仁雄直言，此次選舉與四年前不可同日而語。

「上次眾議院選舉是敗在小泉領軍作戰的氣勢」，手塚說，如今，小泉改革擴大了社會差距，但對選民而言，批評自民黨的過去已無濟於事，還不如了解民主黨執政後會做哪些什麼較有意義。

四年河東、四年河西，隨著前首相小泉純一郎的下台，當年轟動一時的刺客軍團，在這場極可能變天的國會大選中，無不陷入苦戰之中。從財務省官僚轉戰成功的片山皋月，在靜岡七區尋求連任，她在出征當天悲壯地喊出：「逆風猛烈，請助我前進」，片山的輔選幹部不諱言，四年前是乘風當選，可這一年來身上揹的卻是臭水溝蓋，令人著急不已。

處境更艱難的女刺客，還有掛名頭號的前防衛大臣小池百合子，這次遭逢比她年輕許多的東京大學副教授江端貴子。當年小池空降東京十區，擊敗反郵政改革的老牌議員小林興起，曾為社會各界津津樂道，現在她卻得面對民主黨刺客的挑戰，一場女刺客對決的戲碼，已成為選情焦點話題。

小池百合子。

小池自稱是「風車百合」，意思是即使自民黨遭遇逆風，她也可以化阻力為前進的動能。二〇〇九年春天，我在眾議院採訪小池，她來去匆匆之際，還不忘贈送印有自己肖像的宣傳海報和環保袋（她曾任環保大臣），再趕赴拜訪基層的行程，顯示她對選情艱困已有體認，連競選文宣都及早因應準備。

以其人之道還制其人，無疑是民主黨採取的競選策略。不過，負責運籌帷幄的並非黨魁鳩山由紀夫，而是老謀深算的代理黨代表小澤一郎，這個曾經數度與首相擦身而過的政壇老狐狸，在單一席次的小選區推舉美女殺手襲擊包括前首相在內的執政黨要角。

譬如，七十二歲的前首相森喜朗，在老家石川二區爭取十四連霸，遭逢三十三歲的「和服美人」田中美繪子挑戰，原本老神在在的森，已承認這是一場烏雲密布、極為艱難的選戰。誓言「伐森（砍伐林木）」的田中，曾做過旅行社導遊、眾議員秘書，宣布參選之初，政敵根本不把這位美貌酷似寫真女星井上和香的射箭高手放在眼裡。

前首相福田康夫在群馬四區的連任之路也不輕鬆，他的對手是出身名門之後的三宅雪子，曾擔任富士電視台財經記者的三宅，因主跑小澤路線而熟識，她的已故外祖父是曾多次入閣的自民黨眾議員石田博英。對於民主黨推出集血統純正和冷豔外表於一身的三宅，福田陣營的幹部承認，這回必須緊守選區，不能以群馬縣是保守勢力大本營而滿足。

在東京十二區對抗公明黨黨魁太田昭宏的青木愛，則堪稱是「二代美女刺客」的一姐，四十三歲的她出道較早，除活躍於朝日電視台等媒體之外，也長期擔任小澤秘書，被視為小澤愛徒。青木愛二〇〇三年即當選眾議員，這次被欽點對抗實力強大的執政聯盟領袖，小澤強調，這是他萬中選一且必能代替他獲勝的人選。

小澤號召下的二代美女刺客軍團，還有在愛媛一區伏擊前官房長官塩崎恭久的永江孝子，以及在長崎二區挑戰前防衛大臣久間章生的福田衣里子。永江是當地電視台的人氣主播，福田則是因帶領藥害肝炎訴訟原告團對抗政府而聲名大噪。她們的出擊都讓塩崎、久間這兩位老將倍感壓力。

無論政界觀察或媒體民調，普遍都看好民主黨會贏得大選，為沉寂的日本政局帶來衝擊。畢竟四年前席捲各地的小泉旋風已不復見，許多自民黨大老在選戰中紛紛感到頸背發涼，被迫在逆風中迎戰來勢洶洶的刺客。

唯一可以激勵自民黨士氣的是小泉次子的一番話，繼承政治衣缽的小泉進次郎，這次放棄比例代表，選擇在神奈川十一區背水一戰，他說：「這是一場在逆風下的選戰，而逆風是為了超越才存在的。」

後記：青木愛的浴衣

二〇一〇年九月，就在日本民主黨黨魁改選前一周，最新一期的《週刊文春》以「小澤一郎與青木愛『京都幽會』」為題，兩人在京都溫泉飯店疑似牽手談笑，當時青木愛還身著浴衣，成為政界最受矚目的桃色新聞。青木愛與小澤相差廿三歲，在「小澤女孩兵團」中領軍。

日本政壇近年興起引進面貌姣好、形象清新，沒有政治背景的年輕女性投入選舉，不僅為派閥政治注入新血，也因吸引眾人目光而成為「嬌點」。不過，小澤與青木愛的「師徒愛」，卻顯現女性參政淪為附庸的問題，顯然在美女刺客的亮麗外表下，仍充滿父權與不堪。

平成維新的松下派大將

我從來沒有想過，他會這麼快如願以償，四年前，在他遞給我的名片上，雖然寫著「民主黨影子內閣防衛廳長官」的頭銜，但我仍無法將眼前那位四十三歲的國會議員，和當時日本暮氣沉沉的內閣大臣們聯想在一起。

就在永田町的眾議員會館，面對日美安保的問題，前原誠司認真地陳述看法，他的回答語氣堅定、態度誠懇，迥異於先前訪談的自民黨眾議員，既不會抬高下巴，也不會雙手交叉，更沒有老派政治家那種飄忽閃躲的習性。

那次訪談，讓我對前原留下深刻的印象，二〇〇五年九月，他五度連任眾議員，旋即以些微票數險勝菅直人，成為日本政黨史上最年輕的黨魁，儘管隔年他因一紙偽造電郵的無心之過，從民主黨黨魁請辭下台，但我從不認為他已經出局。

在甫上路的鳩山內閣中，這位被形容是「日本布萊爾」的民主黨少壯派要角，順理成章地入閣，出任位高權重的國土交通大臣。對前原誠司而言，這一天他等待許久，足可告慰他的父親在天之靈。三十二年前，在家事裁判所擔任庶務股長的前原父親，因為不堪欠債之苦，跳進特快車疾駛的軌道自殺。

父親的死，讓還在念初中二年級的前原被迫提前成長、自立自強，從高中一直到京都大學法學部，前原都是靠著拿獎學金完成學業。前原早先計畫當外交官或學者，但他的老師——著名的國際問題研究專家、京都大學教授高坂正堯，卻告訴他「京大畢業的外交官要出人頭地不是那麼容易；想當學者若非天才也不可能有太大作為」。

高坂勸前原去政治家的搖籃「松下政經塾」進修，恩師的一席話徹底改變他的人生，立志成為一名政治家的前原誠司，不僅成為松下政經塾第八期的塾生，也自此踏上他的政治之路，他先是當選京都府最年輕的地方議員，兩年後，再以三十而立之齡進軍眾議院。

至今已六連霸的前原誠司，就是鳩山內閣「松下派」的領頭羊，民主黨在新科眾議員中出身松下政經塾的畢業生即多達二十五人，他們儼然形成另一股新興勢力。例如，與前原同樣當選六次的同期塾生玄葉光一郎，他擔任眾院財務金融委員長，以及入閣的原口一博（總務大臣／四期）、野田佳彥（財務副大臣／一期）、武正公一（外務副大臣／五期）等，至於擔任各省政務官者不知凡幾，但多半為三連任的少壯派眾議員。

被譽為「經營之神」的松下幸之助，於一九七九年以個人名義捐款七十億日圓創辦松下政經塾，目的是為國家培養優秀的政經人才。這個機構早年招考較多人，後來每年招考僅五至六名學員，三年研習期間採集體住宿制度，學員只需支付住宿及餐費等基本開銷，每個月還補助約台幣六萬七千元的研究費。

據說，松下政經塾要求甚嚴，每天清晨六點起床打掃、散步，學員除了必須研習外語、產業及自衛隊體驗等專業課程之外，還得接受劍道、書道、儒教等文化教養訓練。曾任美國松下電器總經理，退休後轉任松下政經塾塾長的關淳，有一回訪台提出諍言，他說，無論是國家或公司的經營者，此時最需要的就是要具備無私的「素直」精神。

松下政經塾的創設，為懷抱理想卻欠缺背景的年輕人提供了一個從政管道，尤其是面對世襲成風的日本政治，標榜中立、超越黨派的政經塾，三十年來已有二三七人結業，他們在各行各業開枝散葉，隨著民主黨政府的上台，一群松下政經塾學員從各地議會湧進永田町和霞關，被媒體比喻是「松下時代」的來臨。

與民主黨幹事長小澤一郎交情甚篤的京瓷、KDDI（日本電信公司）創始人稻盛和夫，曾以「平成維新」形容民主黨政府所帶來的衝擊與變革。松下公司出身的新任內閣官房長官平野博文，也以松下幸之助的「產業報國」、「光明正大」、「親愛精誠」等七條精神自許。對此刻的日本來說，平成年間的維新大業，正需要松下人的相助，他們像幕末支持勤皇攘夷的志士，想要改變國家社會，也想改變自己身為下級武士的命運。

和母親相依為命的前原誠司，不就是如此。如果沒有已故恩師的醍醐灌頂，他很可能還在猶豫、徘徊，還不知道要進入松下政經塾歷練，遑論這平成維新的世紀之變，是否還有前原舉兵征戰的空間哪！

後記：親美派入主外務省

二〇一〇年九月，在首相菅直人宣布的「改造內閣」中，前原誠司出任外務大臣一職，隨即啟程赴紐約出席聯合國大會的相關會議。前原被視為親美派要角，由他入主外務省，不僅深受美國的歡迎，也被認為有助於改善前首相鳩山任內緊繃的日美關係。

然而，前原的人事並不代表民主黨政權的親中路線已有所調整，相較於延攬「中國通」丹羽宇一郎擔任駐華大使，找來知美圈的政治家坐鎮外務省，這是一種「政治親美、經濟親中」的人事平衡。對前原而言，繼國土交通大臣之後的外交歷練，將是他成為下任首相接班人的試金石。

通產官僚們的夏天

副總統蕭萬長出席行政院高階領導研究班第一期開訓典禮，特別援引日劇《官僚之夏》為例，期勉學員要學習日本戰後的公務員，培養優異的規劃、溝通及執行能力，他說，日本能夠在戰後的一片廢墟中迅速站起來，文官體系的敬業精神和使命感是重要關鍵。

當時剛看完這齣日劇的蕭萬長，應是心有所感，才會在他催生的國家文官培訓課程上，發表「有為者亦若是」的觀後心得。距離《官僚之夏》二〇〇九年九月二十日在ＴＢＳ（東京放送）電視台播放大結局，還不到三十天，微笑老蕭的推薦除了闡述他山之石的意義之外，也有「曾經滄海難為水」的切身感受。

《官僚之夏》改編自城山三郎的小說《通產官僚們的夏天》，描述在日本戰後重建的高速經濟成長期，發生在通商產業省（即經產省前身，相當於台灣的經濟部）內部的真實故事，該劇以通產省官員風越信吾（佐藤浩市飾演）為核心，時間從昭和三十年（一九五五年）開啟序幕，歷經東京鐵塔興建、東京奧運申辦、「美智子熱潮

（明仁親王與正田美智子的世紀之婚）」，以迄沖繩歸還、日美紡織談判，前後長達十五年。

在那個迎向每年國民生產總值超過十％的年代，肩負協助產業復興之責的通產省，藉由推動物美價廉的國民車、國產電視及國產電腦等一連串劃時代的政策革新，帶動快速起飛的經濟成長。不管是發展家電、汽車工業或資訊業，透過劇本的鋪陳，一群熱血愛國的通產官僚們，抱著鍥而不捨的打拚精神和民間廠商緊密合作，為今日舉世聞名的日本汽車、家電業及國際電腦品牌奠定基礎。

然而，《官僚之夏》要傳達的訊息，並不僅止於日本為何擁有豐田汽車、SONY家電等這些令世人矚目的厚實國力，劇中敘述「國際通商貿易」與「國內產業保護」兩派官僚的鬥爭，更發人深省。以玉木博文（船越英一郎飾演）為首的通商派，和同期風越領軍的產業派，一方倡議要掌握貿易自由化趨勢，與國際接軌；另一方則主張保護國內產業，儘早躋身世界強國，雙方各持專業、分庭抗禮。

「開放進口」與「保護產業」的對立、衝突，成為整齣日劇發展的主軸。從日美貿易摩擦、安保條約談判到江戶川漁業汙染引發的公害問題、「國內產業保護法」立法失利，《官僚之夏》有如一部日本通商產業政策史，把日本戰後在面臨國家利益與社會公平的權衡評估，幾次著手推動重大產業轉型和攸關國家走向的政策博弈，描繪得淋漓盡致，讓人看得驚心動魄。

既是真實故事，就真有其人，主角風越取材自被稱為「通產先生」的公務員佐橋滋，其他的角色也存在史實中，如先後擔任通產大臣、總理大臣的池內信人（北大路欣也飾演），就是提出「國民所得倍增計畫」的池田勇人；而繼任的政敵須藤惠作，對照歷史即是由罹癌的池田指定出任首相的佐藤榮作。

拍得饒富懷舊味的《官僚之夏》，有一個非常武士道的戲劇元素，那就是在技術官僚、在不同部門之間，乃至於在分屬敵對派閥的大臣與總理之間，容或意見相左、各有權謀考量，但卻屢屢在交棒的抉擇時刻，展現無私的政治胸襟。譬如鞠躬盡瘁的鮎川推薦老牧接企業局，一路相鬥的玉木最終仍提名風越掌事務次官，以及池內力邀須藤擔任首相這段史實。

老蕭對《官僚之夏》大力推崇，我想他所熟悉的，除了自己三十年公務員生涯面臨過許多類似劇中主角的經歷之外，應當也清楚劇末的橋段。風越在退休時說他不會如前人般「下凡」，亦即不會像其他政府官員卸任後到私營機構任職，招來官商勾結之嫌，風越後來選擇在報紙撰寫經濟評論，鬻文維生。對照台灣的政府官僚，要找到這樣有風骨和勇氣的官員，恐怕是天方夜譚。

實力派演員佐藤浩市說：「今天電視界想要製作具有骨氣的電視劇，需有強烈的信念去進行衝撞！這種恐須一、二十年才可能出現的稀少企劃，非常令人感動！」我並不期待台灣的電視界有此覺醒，但是由副總統主導的百年慶典，假使能有相同格局的企劃，重現台灣早年的《官僚之夏》，那將會是功德無量。

如池內總理和風越最後的對談，「當我們一味在乎世人耳目時，卻遺失一樣最珍貴的東西，而你則是一再精心珍藏著它。」不知老蕭在看待開放美國牛肉爭議時，是否也有這樣的心情？

後記：在老蕭官邸談心得

這篇文章見報後沒多久，恰巧應邀前往副總統蕭萬長的官邸作客，那天老蕭作東，在座的還有一些文化人，談的話題是如何籌備建國百年慶典活動，席間曾聊到《官僚之夏》這齣日劇，微笑老蕭說他看過專文了，也提及台灣曾走過這樣的道路。但他因健康初癒，話並不多。

作為一位曾以「經濟老兵」自許的國家領導人，老蕭其實應該有一籮筐的感想心得，何況他還有過創造台灣「經濟奇蹟」的豐富經驗。《官僚之夏》播放期間，適逢日本眾議院改選，投票當天，還因電視台製作選舉特別節目而停止放送。結果，自民黨下台，日本首度出現真正的政黨輪替。

兩好三壞的鳩山投手

穿著繡有國家隊字樣的防風短外衣，頭戴藍色球帽，鳩山由紀夫像日本武士一樣登場，然後從投手丘上揮臂投出，球兒以拋物線飛行的身姿，由外角進入好球帶的正中位置。

十一月二十二日下午東京後樂園的巨蛋球場，鳩山首相應邀為中央聯盟、太平洋聯盟成立六十週年的紀念比賽開球，當天出賽的兩支球隊，分別是預定代表參加二〇一三年世界棒球經典賽（ＷＢＣ）與二〇一〇年世界大學棒球賽的培訓選手，雙方先發投手是廣島東洋鯉魚隊新秀前田健太、早稻田大學王牌齋藤佑樹❶。

面對一群高人氣的球星，鳩山投得一點也不含糊。這是鳩山擔任總理大臣以來第二次主持開球儀式，今年九月下旬赴美參加G20經濟高峰會時，他曾為匹茲堡海盜隊和洛杉磯道奇隊的比賽開球。鳩山早年負笈美國，對棒球頗為熟悉，為了慎重起見，特地找來三十九歲才挑戰大聯盟的名投桑田真澄惡補，兩人在官邸花園練習一番，鳩山笑著跟桑田說：「我到時候要小心點，別讓球從手中滑落。」

正因為有那一次專家指導的經驗，當鳩山再度受邀開球時，對於賽前的練投有著得心應手的快感，他直言：「投了一個直球，感覺很舒暢。但願在政治上也能投一個正中的直球。」

鳩山之所以這麼說，其實是有感而發的。《時事通信社》於十一月份公布的民調顯示，鳩山內閣支持率已下滑至五成四；《共同通信社》的最新民調也是如此，與九月中旬內閣剛成立時相比，支持率足足掉了一成。日本媒體認為，鳩山政權刻正陷入困境，除了政治獻金作假的醜聞之外，日美在沖繩普天間機場搬遷問題上的爭議，以及下一年度的政府預算編製，將使鳩山政府面臨「十二月危機」的考驗。

從棒球場上看鳩山投手先發至今的表現，顯然是令人失望的，然而諷刺的是，這並非來自在野黨的強力掣肘，相反地，有絕大部分因素是鳩山個人信口開河、自作自受。譬如，鳩山曾嚴詞抨擊「政客以秘書作為代罪羔羊」的惡質文化，他高舉道德旗幟，在街頭演說訴求「秘書的責任就是議員的責任，議員應該辭職」，藉以凸顯國會議員總是在爆發政治獻金醜聞後，將責任推給秘書的醜態。

結果當鳩山發生前首席秘書面臨被起訴，以及母親也被指涉提供鉅額資金充作政治獻金的來源時，自民黨開始以子之矛攻子之盾，對鳩山的發言冷嘲熱諷。前官房長官町村信孝即在派閥大會上揶揄鳩山，「政治家不是應該為秘書犯罪而承擔責任嗎？」

如何解決普天間機場的搬遷爭議，一直是影響日美關係的指標，鳩山在眾議院大選中說得信誓旦旦，強調「若民主黨贏得政權，將朝著至少也要把普天間機場遷至沖繩縣外的方向行動」。這張支票升高了民眾的期待，但在選後與美國總統歐巴馬的會談中，鳩山除了跟歐巴馬講了一句「Trust me」之外，就沒提及任何具體的解決方案。

依照日美二〇〇六協議，普天間機場應從宜野灣市遷至名護市，可是鳩山遲遲沒有拍板定案，講話又模稜兩可，假使延宕至明年一月名護市長改選，仍沒有結論的話，將使鳩山政權在沖繩民意與美方之間進退失據、腹背受敵。

鳩山投出的第三個壞球是政府預算難以兌現競選承諾，日本今年度的稅收嚴重縮水，預估將大幅減少三十八兆日圓，在如此嚴峻的財政負擔下，鳩山在眾議院預算委員會表示，將努力把新發行的國債額度控制在四十四兆日圓以內。但問題來了，剛上台的民主黨政府為了兌現一大堆政見，新年度的預算規模竟然膨脹到九十五兆日圓，新的舉債額度根本不敷支應，令鳩山內閣頭痛不已。

首次當家的鳩山，終於來到兩好三壞的滿球數，他能否像齋藤王子那樣的超級耐投？還是擁有如「桑田二世」般的三振功力？抑或是投出執政以來的第一個保送？下一球將是關鍵。

後記：走下投手丘之後

鳩山由紀夫確實無法勝任先發投手的重責大任，還沒等到參議院期中選舉登場，他就撐不下去，黯然走下投手丘。二〇一〇年六月，鳩山在普天間基地搬遷定案後，宣布請辭首相一職，不過，他在臨去秋波之際，順道將隱身幕後的小澤一郎拉下台，算是對民主黨的一大貢獻。

家世背景顯赫的鳩山，雖然已是在北海道八連任的眾議員，但造成他必須辭職的另一個致命傷，係來自政治獻金的問題。由於涉嫌謊報且鳩山本人又交代不清不楚，殃及民主黨形象，鳩山幾經衡量，決定為這記失投球扛責。鳩山的財產高達十四億四千多萬日幣，堪稱家財萬貫，他可能從沒想到這會帶來如此大的麻煩！

❶二十一歲的前田健太，曾在甲子園投出單場十七次三振紀錄，他因擅長超慢速曲球、滑球等球種多變，被視為日職名將桑田真澄之後的第二人，享有「桑田二世」之譽。齋藤佑樹的名氣更響亮，三年前在夏季甲子園大賽的冠軍戰，率領早稻田實校與田中將大（現為東北樂天金鷹主力）掛帥的駒大苫小牧高校對壘，兩軍鏖戰十五局平手，翌日加賽再戰九局，最後以再見三振勝投，那年的熱血表現，讓習慣在場上掏出手帕擦汗的齋藤，掀起日本「手帕世代」的熱潮。

鳩山政權的影武者

「甲斐之虎」武田信玄因作戰需要，必須找一個替身，既可欺敵又能以策安全，然而，假扮武田信玄的替身，卻越扮越入戲，竟以主公自居，運籌帷幄、發號施令，還真的扭轉戰局。

武田使用替身戰術是「影武者」的典故由來，「甲斐之虎」臨終之前，跟《三國演義》裡的諸葛亮一樣故布疑陣，讓一名影武者發揮決斷作用，成功地安度危機。

日益趨多的政治觀察顯示，鳩山政權的影武者——自民黨幹事長小澤一郎，將比預期中要更快成為首相鳩山由紀夫的替身。比方這個月十日，小澤率領一個六百多人的訪問團前往中國，該團包括一百四十三位的民主黨國會議員，規模之大前所未見，單單出發就分羽田、成田及關西三個機場，前後合計五個班次飛往北京，當地則出動了十七部巴士接待，宛若一條長龍。

小澤此次訪中的目的，一是日本民主黨與中國共產黨的定期磋商，另一則是出席從一九八九年以來即參與至今的日中交流活動「長城計畫」。對北京而言，小澤不僅是老友，更是未來左右日本政局的關鍵人物，因此，身為東道主的中國國家主席胡錦濤盛情款待，不在話下。

小澤的親中立場是毋庸置疑的，但他率團出訪的陣仗，卻儼然是民主黨總裁的規格，超過三分之一的執政黨國會議員隨行，讓小澤講起話來顯得意氣風發，他在人民大會堂上跟胡錦濤聊到明年的參議院選舉，展現強烈的企圖心，宛如他是戰國時代的「甲斐之虎」。

以「最終決戰」形容參院選舉的小澤，當著胡錦濤的面，充滿自信地說：「借用貴國的話，我們的解放戰爭還沒結束；如果是比作人民解放軍，那麼我正在作為一個野戰軍的司令員而努力。」自許為野戰司令員的小澤認為，民主黨若能在參議院贏得過半數席次，政權基礎將更趨穩固，屆時在內政、外交政策上勢必會更有果斷的作為。

日本國會。

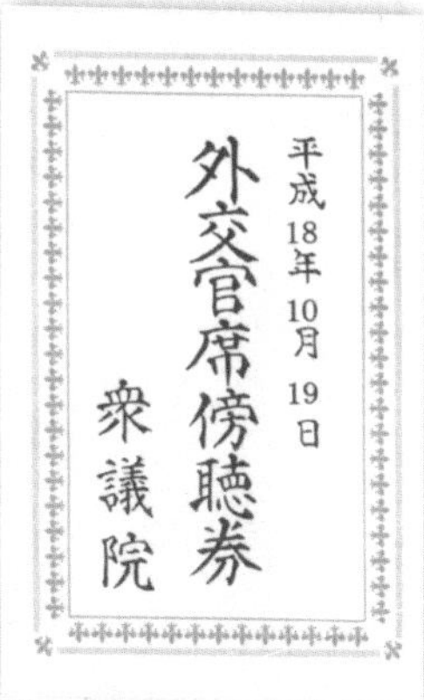

國會旁聽證。

政治評論家伊藤惇夫說，小澤不愧是田中角榮的得意門生，他以繼承田中打開日中友好之窗的意識而自居。過去小澤十五次訪中，多半是在野身分，這回他不但以執政黨重量級領導人的姿態到訪，還有一大票家臣（民主黨內小澤派）隨侍在側。

老謀深算的小澤和胡錦濤會談時，樂得將面子作給鳩山，他說，「政權完全交給鳩山首相」，不過，真正讓人見識到他的影響力，卻不在於這些冠冕堂皇的外交辭令，而是日本天皇會見中國國家副主席習近平引發的特例爭議，因為政界盛傳，這個「特例」是因小澤向鳩山施壓所致。

被視為中國第五代接班人的習近平，十四日啟程赴日訪問，十五日隨即安排拜會日本天皇，由於會見天皇必須提前於一個月前提出書面申請，但中方這次根本來不及，詎料原本回絕會見的宮內廳，最後還是迫於首相官邸的壓力而接受。宮內廳長官羽毛田信吾批評此事讓天皇有被政治利用的隱憂，他說：「天皇陛下的意義是不同於政府的外交，這麼做實在令人痛心。」

鳩山聽了不太高興，或許他也不希望被解讀是小澤在背後下指導棋，因此，他把話講得很白，「才差幾天就一個月，難道非得墨守成規，硬要說不行嗎？這是有貴賓來訪時做出的判斷，不是什麼政治利用！」

躲在暗處的小澤一郎，放了一把火讓首相官邸槓上宮內廳，他自己則跑到南韓首爾，除了會見大統領李明博之外，還和圍棋名人對弈。小澤一副羽扇綸巾的輕鬆模樣，暢談政局說：「兩人對決，往往只看局部，然而綜觀全局才是關鍵。如同政治上處理事情，必須考慮整體協調的重要。」

先後走訪中、韓兩國領導人，讓小澤展現他在外交上的影響力，尤其促成日本政府打破天皇的禮儀原則，點燃「特例會見」的戰火，至今還在輿論間發燒。但小澤的魄力並不僅止於對外，他返國後，迅速處理諸多來自地方的請願案，令稅收問題而陷入舉債困境的鳩山政府暗自叫苦。簡單說，小澤內外兼修，已令鳩山內外交迫。

再厲害的影武者，終究只是權勢者的替身，現實的政治世界中，也不會有掌權者願意做個政治傀儡。志得意滿的小澤一郎，雖然再三表露謙恭之姿，但外頭怎麼看，他都像扮豬吃老虎的老狐狸，相對地，就任首相百日的鳩山由紀夫，也不是誤入叢林的小白兔，不可能對身後那個一直比手畫腳的影子無動於衷。

顯然，隨著內政、外交的相互擺盪，小澤與鳩山在權力翹翹板兩端的遊戲，將越來越有看頭了。

後記：與首相寶座擦身而過

在眾議院已十三連任的小澤一郎，是二世議員（世襲第二代），他因父親過世而匆促返鄉接棒，當時的自民黨幹事長為「闇將軍」田中角榮，後來他又成為竹下登門下，與金丸信、橋本龍太郎、小淵惠三、羽田孜、梶山靜六、渡部恆三同被稱為「竹下派七奉行」。

小澤師承田中角榮，自然深諳「金權政治」的箇中三昧，他長期在日本政壇翻雲覆雨，被視為近二十年來最會在政界搞破壞的關鍵人物，但卻始終與總理大臣一職擦身而過。其實，小澤很早就有機會坐上首相的位子，當年金丸信勸說他出馬競選自民黨黨魁，小澤卻以年輕（實則是健康因素）為由婉拒。

那是小澤一郎距離首相寶座最近的一次，當時的他，四十九歲。

特搜部與小澤的戰爭

故事情節有點像電影《HERO》裡的劇情，東京地方檢察廳特搜部欲將行賄受賄的前國土交通運輸大臣花岡練三郎繩之以法，但需借助城西支部檢察官久利生公平（木村拓哉飾演）之手。眾議員花岡是在政壇打滾多年的老狐狸，也是久利生的宿敵，雙方在法庭上重逢，有一場精采的攻防。

真實世界裡，東京地檢廳特搜部也正和當前最具影響力的民主黨幹事長小澤一郎鬥法。元月十三日，東京檢方展開一連串的搜查行動，針對小澤的資金管理團體「陸山會」購買土地一事，搜索小澤一郎位於東京赤坂的個人事務所，以及陸山會事務所、鹿島建設公司在港區的總部和仙台市東北分公司，還有曾任小澤私人秘書的眾議員石川知裕。

整起事件是源自陸山會於二〇〇四年在東京世田谷區購買的一塊土地，大約四百七十多平方米，花了三億四千萬日圓，當時負責財務的石川向特搜部承認，買地的四億日圓並未登記在政治資金收支報告書中，而是小澤一郎拿給他的，但言明為借款。不過，特搜部又不是三歲小孩子，研判這筆來路不明的巨款可能是建設公司的政治獻金，因為夥計跟老闆借錢買地的說法，根本難以令人信服。

為了比對石川的供述，特搜部在元月初向小澤提出「接受調查」的要求，然而，小澤透過律師虛與委蛇，聲稱特搜部的「約談」恐招來媒體記者，因此他不能去。如此高姿態讓特搜部很不爽，一個禮拜後隨即展開直搗黃龍的霹靂行動。

大搜查以迅雷不及掩耳之勢，席捲日本各大電視台、報紙和網路播送。十五日晚間，特搜部以涉嫌違反《政治資金規正法》為由，逮捕石川知裕與接手石川工作的小澤前秘書池田光智。翌日，又再以相同理由逮捕小澤的首席秘書大久保隆規，四十八歲的大久保是石川、池田的頂頭上司，在此之前，他才因西松建設公司的政治獻金案被逮捕起訴，法院也剛在去年底著手審理中。

特搜部趕在十八日國會開議前對石川動手，顯然是為了避免夜長夢多，而大久保再次被捕，等於預告特搜部對小澤的圍堵已進入收網階段。但深諳權力之道的小澤一郎並非軟腳蝦，特搜部的連番夜襲，固然重創小澤派的聲勢，也形同替在野的自民黨提供槍械彈藥，惟這些挫折只是更激發他的鬥志，在民主黨大會上，小澤的談話巧妙地將自己與黨的未來綁在一起。

小澤堅稱自己沒有做錯，僅為給大家添了麻煩而感到過意不去，他強調決心帶領民主黨在今年夏天的參議院選舉中贏得過半席次。展現堅強意志的小澤，藉此壓制黨內要求他辭職的聲浪，並表明要和檢方鬥爭到底的立場。

江湖老練的小澤一郎，試圖挾黨號令天下，他說：「唯有參院選舉獲勝後，民主黨的內閣基礎才會穩固，真正的民主主義也才能在日本扎根。」這番話講得理直氣壯，就連首相鳩山由紀夫也不得不表態支持，不過，講話常顛三倒四的鳩山，這回力挺小澤「鬥爭下去」的場面話，卻慘遭在野黨和輿論痛批。

小澤與東京地方檢察廳特搜部的恩怨，由來已久，當年他的恩師、前首相田中角榮因洛克希德案被捕，小澤曾全程旁聽了法院對田中的審判，並對於恩師淪為代罪羔羊而義憤填膺，如今他與特搜部的對抗，也延續這跨越兩代的宿命。

事實上，早在二〇〇九年三月大久保秘書因獻金案被捕的第二天，小澤就公開向檢方嗆聲，他說：「在大選已經正式提上日程之際展開調查，這完全是不公正地行使國家權力。」小澤當時曾期待外界輿論會隨著時間流逝而慢慢平息，詎料天不從人願，他最終還是被迫在五月辭去黨魁一職，讓「小澤內閣」為之幻滅。

東京地檢特搜部的奇襲，無疑宣告和小澤進入最後的決戰；自民黨摩拳擦掌，也鎖定逼迫小澤辭去國會議員為目標，日本媒體甚且以「沼澤國會」比喻本周開始的眾議院會期。然而，要困住「影武者」小澤談何容易，因為擁有超過一百六十名參眾議員的「小澤軍團」，已如銅牆鐵壁般護衛他們的主公。

與小澤展開鬥爭的特搜部，有如幕府末年掃蕩勤皇派的「壬生之狼」（後改名為「新選組」），當年勤皇派假借攘夷之名剷除異己，新選組則以保護京都治安為由進行反制，雙方廝殺激烈。那是一頁令人驚心動魄的幕末歷史，驍勇善戰的特搜部這回能重演「池田屋事件」（襲擊勤皇派主力的著名戰役）嗎？

後記：「小澤時代」的落幕

東京地方檢察廳特搜部和小澤一郎的戰爭，很快就分出勝負，檢方因證據不足而做出不起訴處分。小澤以為就此脫困了，鼓起餘勇出馬挑戰首相菅直人，原本勢均力敵的民主黨黨首之爭，卻在民意一面倒的情況下，出現讓外界跌破眼鏡的結果，小澤以慘敗收場，人生最後一次問鼎首相，再告夢碎。

更糟糕的是，東京法院第五檢察審查會卻作成「應強制起訴」小澤的決議，換言之，小澤雖然逃過特搜部那一關，卻逃不過由民眾組成的檢察審查會。實施已超過一甲子的東京檢察審查制度，是以民意保證公訴權的正當行使，檢方不起訴，並不代表民意會放過小澤。叱咤一時的「小澤時代」就此落幕。

現代龍馬何處尋

三月十四日的NHK大河劇《龍馬傳》，剛播出第十一回「土佐沸騰」，劇情進入著名的「櫻田門外之變」，以專制政治鎮壓反對派的幕府大老井伊直弼，在三月下著皚皚白雪的江戶城櫻田門外，遭反幕府的十八名脫藩浪士刺殺身亡。

這起事件震撼各地，也刺激土佐藩（四國高知縣）下級武士武市半平太，井伊死後隔年，廿七歲的「幕末第一豪傑」坂本龍馬（福山雅治飾演），加入武市組織的土佐勤王黨，隨後脫藩出走，投入具有留美經驗的幕府軍艦奉行勝海舟門下，點燃風雲際會的討幕運動。

撼動人心的幕末時代登場，讓近年來飽受挫折感的日本掀起一股「龍馬熱」，首相鳩山由紀夫的胞弟、自民黨執政時期的前總務大臣鳩山邦夫，就在「土佐沸騰」放送這一天，接受富士電視台的訪問，自我期許為坂本龍馬，希望促成前財務大臣與謝野馨和前厚生勞動大臣舛添要一聯手。

與謝野和舛添皆是自民黨的實力派人物，對於現任黨魁谷垣禎一多所不滿。與謝野在三月出刊的雜誌《文藝春秋》上撰文，批評自民黨改革不力，表明對沒有打倒鳩山政權氣魄的黨魁谷垣感到失望，他甚至強調，如果谷垣不辭職，「那就必須做出走向新道路的決斷，包括另立新黨在內」。

歷任內閣官房長官及文部、金融等多項大臣職務的與謝野直言，「在谷垣的領導下，已不可能實現黨的再生，這樣繼續下去，今年夏天的參議院選舉也沒希望了」。曾主掌通產省（經產省前身）的與謝野對日本當前的經濟窘狀憂心不已，這位七十二歲的財經老將說，為了救國，應該超越黨派廣納天下英才。

政治學者出身的舛添要一，也在電視訪問中放砲，他不僅暗示將和與謝野分別行動，也主張應該要大幅更換包含黨魁在內的領導班子。舛添被視為黨內「倒谷垣派」的旗手，他很早就拋出創建新黨之議，多次強調「若續留黨內就要掌權」的態度，舛添說：「不換社長，只更換理事或部長的人事變動，那是無法令人接受的。因為經營團隊是整體的。唯有如此，才是負責任的作法。」

對於黨內大老接二連三的逼宮，谷垣在受訪時表達不悅之情，「不喜歡有人對外說一些在黨內沒有討論的事情」；自民黨幹事黨大島理森的回應最能體現當權派立場，「這些批判應關門來直接說。即使是有資歷的長輩，也該注意避免讓黨看起來像是四分五裂。」

鳩山邦夫在呼應與謝野、舛添兩人主張時，特別申明自己之所以推動籌組新黨，那是因為「自民黨已經過了賞味期」，不但政策內容有問題，還在搞派閥政治。劍及履及的鳩山，隨後向黨中央提出離黨申請書，為了顯示自身的無私，他表明不會在前面爭先，願意在背後支持。

以坂本龍馬為師的鳩山，希望自己能像這個當前最受歡迎的明治維新英雄一樣，扮演政治革新的「接合劑」角色，促成原本敵對的薩摩藩（鹿兒島縣）與長州藩（山口縣）結盟。對於鳩山邦夫的退黨舉動，與謝野幕僚和舛添本人都保持緘默，自民黨代理幹事長園田博之則選擇跟進，日本現代版的「薩長同盟」是否成形，猶在未定之天。

由坂本龍馬主導的「薩長同盟」，是推倒幕府的關鍵力量，先前水火不容的薩摩、長州兩藩，願意捐棄前嫌、聯合討幕，當時坂本龍馬居間奔走，化不可能為奇蹟，誠然功不可沒，惟身為幕府重臣卻鼓勵西鄉隆盛武力討幕的勝海舟，其實才是幕後重要的推手。

坂本龍馬曾向薩摩藩的西鄉隆盛轉述勝海舟的分析，「能捨棄自我，與敵方結合，才是強者。」龍馬此語，令西鄉茅塞頓開，也讓幕末最強大的兩個雄藩，從經濟合作逐步邁向軍事同盟，走上合力倒幕的大時代之路。

人才輩出的幕末是一個極為迷人的時代，日本因黑船事件放棄鎖國政策，進行倒幕與攘夷運動，從而脫亞入歐，迎向一個現代化國家。熟稔劍術又胸懷大志的坂本龍馬，無疑是這個狂飆年代的風雲男兒，他憑著無比的膽識、智慧和勇氣，提出涵蓋「大政奉還」在內的〈船中八策〉，為明治維新後的憲法制定、國家大政奠定基礎、確立方向。

現在的日本，盛世不再、國力消退，人們因而懷念風起雲湧的幕末，追尋偉大熱情的豪傑。宛如暗夜星光般的坂本龍馬，就是作家司馬遼太郎筆下，一個上天派遣來收拾歷史亂局的使者。

年輕的坂本龍馬最終還是推開歷史之門，推向未來。但鳩山不是龍馬，此刻是平成也非幕末江戶，對於那個英年早逝的歷史典範，人們終究只能在日劇中緬懷寄情罷了。

後記：遙想豪氣干雲的幕末時代

伴隨著政黨輪替的新局，NHK在二〇一〇年推出由福山雅治領軍的大河劇《龍馬傳》，這齣描繪幕末志士坂本龍馬短暫而燦爛的一生，在渴望英雄的社會氛圍中，贏得不少熱烈回應。尤其政客們特別喜歡引古喻今，或自比為豪氣干雲的歷史人物，爭取選民愛屋及烏的認同及支持。

我曾經和金溥聰、蘇貞昌兩個朋友分別談及，從幕府末年到明治維新的十五年，那不僅是傳統與現代的相逢，也是鎖國與開放的抉擇。他們分居朝野黨政要津，對台灣面臨關鍵時刻的處境也有所體認。倘若有朝一日，藍綠雙方能夠像「薩長同盟」般摒棄前嫌，那麼或許台灣也會有現代版的坂本龍馬喔！

奇兵隊長菅直人

一九七四年七月的參議院選舉，一群年輕人擁戴八十一歲的婦女運動先驅市川房枝出馬參選，高舉對抗首相田中角榮「金權政治」的旗幟。當時曾落選過的市川，沒有競選海報，資金全靠籌募，支持者發起淨化選風運動，以「理想選舉」為號召，掀起一股旋風。

大力鼓吹女性意識的市川，在激烈競爭中勝出，當時底下有一位廿七歲的助選員，暗自許諾「有為者亦若是」。這個意氣風發的年輕人，在小酒館裡向朋友發下豪語說：「有朝一日，我要奪取天下，實現政黨輪替！」

卅多年後，年輕人的夢想成真，不僅扳倒自民黨、實現政權更迭，更在六月初成為日本第九十四任首相。六十三歲的菅直人，在登上總理大臣之日上，提出要建立「清廉政治」的為政原則，一如當年從市民運動走入參政的初衷。他的妻子菅伸子就回憶：「當時的直人，滿腦子都在想該對腐敗的金權政治做些什麼？」

菅直人在東京工業大學應用物理系就學期間，適逢日本學生運動的鼎盛時期，東京大學爆發安田講堂事件，學生和警方衝突不斷，大規模的學潮激盪，讓菅直人對政治萌生興趣。他組織政治研究會，帶領大學改革運動，與多數走過安保鬥爭年代的學運成員相同，儼然都是左翼激進派的信徒。

天生聰穎且辯才無礙的菅直人，畢業後取得專利師資格，旋即在從事商標專利註冊的法律事務所擔任所長，並積極投身市民運動。在日本歷史上，出身社會運動的首相，絕無僅有，與近幾任首相的政治世襲相比，菅直人的草根背景更屬鳳毛麟角。

早年的左派歷練，不僅讓菅直人對現實充滿批判性，也深富鬥爭精神。菅直人的從政之路並不順遂，初出茅廬時，他以獨立候選人身分落選過三次，直到一九八〇年初次當選眾議員，並完成十連霸至今；即使是在野黨，他也有過四次爭取黨魁失利的經驗。

然而，菅直人從未因此動搖問鼎大位的堅定意志。一九九六年，他在擔任橋本龍太郎內閣的厚生大臣時，因厚生省隱瞞醫療感染導致愛滋病的問題，主動進行調查並公開原始文件，最後還向受害者道歉，承認政府錯誤。這一仗讓菅直人的人氣攀升，也將自己推向未來首相的熱門人選之列。

其實，菅直人不過是在實踐年輕時參與市民運動的理念，大他一歲的菅伸子就這麼告訴丈夫：「政治對這些事（愛滋病）完全視而不見，如果是執政黨也總該做些處理吧！如果做不到，那麼你也別當議員了。」伸子與菅直人是表姊弟，早在著名女子大學津田塾就讀時，她即因寄宿在東京菅家，而與菅直人墜入情網，雙方後來結婚、共組家庭，菅伸子也成了菅直人幕後的重要推手。

不過，菅直人儘管是雄辯家、行動派，但卻是政壇出了名的恐妻。一九九九年，菅直人被周刊爆料，報導他與傳播界女性形象分析師有曖昧關係，兩人在酒店過夜。當時菅伸子就斥責他：「基本上，你就是破綻太多，傻瓜。」菅直人也自嘲：「我太太說你們共同擁有了一夜，但沒有男女關係。」

諷刺的是，菅直人轉述伸子的這句話還成為當年歲末的流行語。

菅直人在六月八日宣布新政府人事的記者會上，自比為「奇兵隊內閣」，他說，他非常喜歡坂本龍馬的故事，當時幕末志士高杉晉作組成奇兵隊，無論是撤退或進攻都非常勇敢果斷，為明治維新的成功做出巨大貢獻。菅直人強調，「新內閣需要有像奇兵隊般的行動力，以打破眼前日本停滯不前的僵局。」

創建奇兵隊的高杉晉作是幕末長州藩武士，正是菅直人家鄉山口縣的幕末英雄。在下關（昔稱馬關）起家的奇兵隊，組成分子來自下級武士和農民，彼此不依身分做任何職位安排，這令以「市民派」自許的菅直人心嚮往之，對這支倒幕攘外的戰鬥部隊，相當激賞。

菅直人不是第一個將當前政局與幕末相比的政治家，但是他對英年早逝的同鄉前輩，似乎有著以其為名、重現榮光的深切期盼。菅直人延攬入閣的新閣員盡是缺乏顯赫家世的中產階級，既呼應他「市井出身」的標記，也符合他建構「現代奇兵隊」的條件。

英雄惺惺相惜，自古皆然。菅直人看豪放不羈的高杉晉作，心有戚戚焉；美國總統看剛剛走馬上任的日本新首相，也有相仿之處。歐巴馬與菅直人首次熱線，確認日美同盟，由於一個搞市民運動，另一個從事過社區草根工作，這些相似經歷讓他們相談甚歡，顯得「意氣相投」。

後記：「東洋希拉蕊」菅伸子

每個成功的男人都會有一個偉大的女人，這是老掉牙的話，看看菅直人的太座菅伸子，何止是偉大而已，她出書吐槽先生的手法，簡直是到了「恐怖」的地步。菅直人當上首相，菅伸子出了一本書，書名就叫《你當上總理，日本究竟改變了什麼？》讓人見識她的毒舌功力。

菅伸子在書中對她的枕邊人極盡挖苦之能事，譬如「這個人當首相，真的行嗎？」「即使是自家人，都很難給他打及格分數」類似這樣自我消遣的字眼，俯拾皆是。菅伸子認為，菅直人能做上總理寶座，那是因為蜀中無大將。不過，口才便給的菅伸子，越是如此虧自己老公，越是擄獲民眾的心。

也難怪政界會送給菅伸子這麼貼切的頭銜——「東洋希拉蕊」。

衆人之黨初試啼聲

「民主黨在七月的參議院選舉一定過不了半數，屆時得重新選擇夥伴，執政聯盟勢必重組。至於最有實力扮演關鍵角色的，非渡邊喜美領導的『眾人之黨（又名：大家的黨）』莫屬。」這是二〇一〇年四月底在台北龍山寺附近的咖啡廳，東京大學副教授松田康博的即席分析。

松田是多年老友，他不僅研究台灣問題，對日本政情的觀察也向來獨到。前回他訪台與我聊及參院期中改選時，雖然鳩山政權尚未垮台，但他顯然已看好渡邊喜美，「普天間基地的搬遷問題導致執政聯盟的分裂，在參議院選舉後，民主黨最終還是要找尋合作的對象。」松田認為，渡邊的形象清新且富雄辯，頗受民眾歡迎，在小黨林立的日本政局裡，最被看好。

松田的預測果然在七月十一日落幕的參院選舉中應證。一百二十一席的改選議席（參議院總數二百四十二席、每三年改選一半），執政的民主黨遭逢嚴重挫敗，僅獲得四十四席，較預期的五十四席目標，有相當距離。在野的自民黨，則囊括五十一席，大幅超越改選前的三十八席，但最受矚目的是突破零席次的眾人之黨，這個由渡邊領軍的新興政黨，斬獲十個議席，成為此次選戰的最大贏家。

眾人之黨在參院選戰初試啼聲，立刻展現超越其他小黨的戰力，這與其當家的渡邊喜美採取堅定的第三勢力路線有莫大關聯。出身政治世家的渡邊喜美，父親是曾任副首相兼外務大臣的渡邊美智雄，而他自己也是五連任的眾議員，過去在自民黨執政時期，五十八歲的渡邊曾先後在安倍、福田兩任內閣中擔任過行政改革、金融方面的大臣，評價不錯。

麻生掌權時，自民黨正是風雨飄搖之境，渡邊帶頭造反，呼應民主黨主張解散眾議院的提議，結果遭自民黨告誡，隨後他痛批黨喪失民心，以「麻生施行的是脫離國民的政治」為由，主動退黨。渡邊的揭竿而起，重創搖搖欲墜的麻生內閣，也為其樹立正直敢言的政治招牌。

渡邊喜美高舉「打破官僚主導和實現地方分權」的旗幟，並以超越黨派、尋求志同道合者的訴求，推進籌組新政黨的工作。從「眾人之黨」的政黨命名，即可看見渡邊的政治思維與政黨路線，他認為，「民主黨走的是大政府、由官僚主導的加稅路線，但眾人之黨走的卻是小政府、由民間主導的經濟成長路線。」

政治是管理眾人之事，渡邊的新黨頗有那種「眾人管理眾人」的味道。這次參院選舉的焦點話題之一，首相菅直人倡議提高消費稅，就是非常典型的眾人議題，渡邊批評菅不經大腦深思熟慮，完全被官僚牽著鼻子走，講話顛三倒四，「不先著手削減公務員人事費用，就急著進行增稅；這就好比民間不削減工資或相關經費，就調漲產品價格一樣的不合理。」

渡邊的眾人之黨，並不像朝野兩大政黨搶著打出人氣明星或美女牌。譬如，眼見民主黨推出前奧運柔道金牌女將谷亮子，自民黨就找來曾主演過校園日劇系列《三年Ｂ班金八老師》的女優三原順子角逐區域比例，甚至力邀前近鐵四番強打石井浩郎（在秋田縣參選）、前巨人監督堀內恒夫（區域比例）等職棒名將出馬拉抬選情。

相形之下，眾人之黨的區域比例名單顯得平實、不起眼，名氣最大的當選人首推前ＰＨＰ總合研究所社長江口克彥，他是日本知名智庫領導人，經營之神松下幸之助的詮釋者。渡邊找來這位前總統李登輝的日本好友掛牌，顯示眾人之黨與民主、自民兩黨的不同之處，而投票結果也證明，人們未必都只想看俊男美女，對朝野兩大黨均感到不滿的選民，仍有一定的生存空間。

日本政局即將進入重組，參院的期中改選，已為政權輪替十個月來的民心走向做了一次階段性的總結，或可為這個大重組指引出一條道路。無論菅直人如何抉擇，渡邊喜美的眾人之黨，必然是政界整編的關鍵所在，儘管他堅稱不可能參加聯合政府，但這要看民主黨怎麼出手。

渡邊喜美曾說過，今後日本需要的是策略性共識的政黨，而不是意識型態當道的派系。他在寫給鄉親的信裡頭提及，「我要繼承父親遺志，『先有黨才有派系，先有國家、國民才有政黨』的教誨。」渡邊還說：「我要用自己政治生命做賭注，向混亂的時局投上一塊石頭！」

顯然，這個一手創建眾人之黨的黨魁，已經成功地跨出第一步。

後記：未來呼聲甚高的首相人選

二〇〇九年八月底的眾議院大選，渡邊喜美在栃木縣選區囊括超過九成以上的得票率，寫下單一選區制度實施以來的最高紀錄，眾人之黨也拿下五席。此後，渡邊帶領的眾人之黨，猶如一支精銳機動的奇襲部隊，在民主黨、自民黨的夾縫中殺出重圍，二〇一〇年秋天的參議院選舉，眾人之黨大有斬獲，當選十席，已然站穩第三勢力的龍頭地位。

人氣不斷飆升的渡邊喜美，是目前民調中呼聲最高的首相人選，不過，由於他的妻子是出身銀座高級酒店的紅牌公關，當年兩人婚姻還因渡邊父親反對經過一番折騰。渡邊經常頂著一顆像足球明星貝克漢一樣的髮型，有朝一日，他若當上總理大臣，精明幹練的酒店媽媽桑成了第一夫人，肯定是日本政壇的熱門話題。

輯二 風動的方向——國際關係

美日的政治探戈

美國國務卿希拉蕊上個月訪問日本，我碰巧在東京，自民黨眾議員小池百合子向我說，「希拉蕊的亞洲行首站就選擇日本，這是歐巴馬政府向日方傳遞重視日美同盟的重要訊息。」四天之後，才剛和希拉蕊見過面的民主黨黨魁小澤一郎，卻在奈良跟媒體表示，「就軍事戰略來講，美國在遠東的部署，只需要有第七艦隊就夠了。」

不只小池如此評論，曾任防衛大臣的眾議員久間章生也持相同觀點，他說，「日美同盟沒有太大變化，不管民主、共和兩黨主政都沒有太大差異」，這是日本政界主流的解讀，外相中曾根弘文在與希拉蕊的會談時，也是講這樣的外交辭令，他盛讚希拉蕊首次出訪就選擇日本，「表現了重視日本、重視同盟的態度」。

然而，相對於岌岌可危的自民黨政權，野心勃勃的小澤卻拉高姿態，主張限縮美軍角色的談話因此格外受人矚目，他在橫濱提及日美同盟的問題，以一種近乎擺譜的語氣說，「等我拿到政權之後，再來問問美國。」這番話講白了，就是昭告世人，既然奪取天下已指日可待，那麼該如何和老美談，就請大家耐心等候、稍安勿躁。

歐巴馬上台後，美、日、中三方的互動一直是日本關注的焦點，希拉蕊一席「美中關係是二十一世紀最重要的雙邊關係」的談話，已經夠讓日本不是滋味了，好不容易盼到柯林頓女士的到訪，還專程送來大禮，邀請首相麻生太郎作為歐巴馬在華府接見的第一位外國領導人，結果小澤竟挑在麻生作客白宮時放炮，這讓原本就詭譎的美日關係更顯曖昧。

擔心美日關係不如美中關係，其實是日本輿論經常觸及的議題，悲觀的論點認為，如果歐巴馬選擇重回柯林頓時代的對日路線，等於是愛上「新歡」的中國而冷落日本這個「舊愛」。倘若如此，始終跟著美國舞步的日本，該怎麼繼續跳這場政治探戈？

以研究未來趨勢著名的經濟學者大前研一，曾將日美關係比喻為夫妻關係，他形容今後歐巴馬主政下的美日關係，已是一對進入了倦怠期的夫婦，空有夫妻名分，卻無夫妻之實，彼此冷淡相對，到了完全沒有肉體交接的狀態。大前研一認為歐巴馬不懂日本，卻可能要日本分擔更多

海上自衛隊金剛級神盾艦霧島號。（圖片提供：吳明杰）

責任，夫妻走到這種地步，日美雙方都有責任，找尋如何繼續維持伴侶關係的適當方法。

立教大學教授福島清彥也有類似的看法，他認為，日本嫁給美國已半個多世紀，身為妻子的日本，「三從四德」都做齊了，而過去的美國確實曾是個精力充沛的強蠻丈夫，但此刻卻是日本是該跟美國「離婚」的時候。福島之意並非指日本要在同盟關係上說再見，而是在金融海嘯之後的情勢顯示，美國型資本主義已經出了問題，日本沒必要再追隨美國的路線。

學界因而有倡議日本應該保持和美國「同居」關係，在不刺激美方的前提下試圖另覓新夥伴，但平心而論，這番建議講得容易，真要著手去做，卻是困難重重、雜音四起。譬如，曾任民主黨黨魁的副黨魁前原誠司即趕緊出面澄清小澤言論，擔任過在野「影子內閣」防衛大臣的他，本身就是強化日美同盟的鼓吹者，四年前，我曾在永田町採訪這位被稱為「日本布萊爾」的年輕政治家，當時他以「風險」而非「威脅」看待中國，並據此主張日美同盟要採取管理風險的戰略來因應。

自衛隊軍官與美軍軍官在演習中協調任務。（圖片提供：吳明杰）

日美同盟如何演變、發展，中國自是關鍵因素，但朝野內部對這個問題的看法卻是分歧的，即使是自民黨內同樣有鷹派、鴿派兩種截然不同的聲音。立場溫和的久間章生，就是少數公開反對參拜靖國神社的國會議員，他曾說，「東條英機要對戰爭負責，只要東條仍被供奉在那裡，我就無法在那裡叩頭」，安倍晉三延攬這位橋本內閣時的防衛廳長官回鍋，多少也佐證日本當權者對中政策的務實面。

在春寒料峭的東京，與政府官僚、國會議員及學者談日美同盟，我總是會想起老牌歌星葉啟田〈最後的探戈〉，那歌詞這麼唱道：「我知道你最會跳探戈，為什麼你一直跳差錯」，怎麼聽都像是被冷落的女人對負心男的哀怨之聲。

後記：半世紀的雙人舞

運作超過半世紀的美日安保同盟，一直是美國亞洲戰略的基本軸心，我應《朝日新聞》之邀訪日時，也是以此為研修議題。日本社會對美日關係的看法是很複雜而微妙的，發動太平洋戰爭的是日本，全世界唯一遭受原爆傷害的國家也是日本，而對象都是美國，可戰後卻又要形成緊密的同盟關係。

這就像一對冤家要變親家、從仇人轉為戀人，過程必然艱辛，感受難免苦澀。即使在政黨輪替後，誓言將普天間基地遷出沖繩縣的民主黨，也嘗到嗆辣的滋味，搞得鳩山內閣搖搖欲墜。最後換來首相下台一鞠躬的代價，像是頻頻跳錯舞步的日本，被迫在一場雙人舞中更換舞伴。

在中國沙漠中澆水

「期待日中雙方歷史觀點一致，本來就是很艱困的事情，我們在開始研究之後發現，雙方認知的差距比實際的想像還要大，但我們盡量避免演變為政治問題」，東京大學法學部教授北岡伸一表示，「透過共同研究，儘管在外交上所言不同，我們仍可理解對方為何這麼講。」

在古老的東大法學院三號館裡，北岡教授敘述由他主持的「日中共同歷史研究」工作，這是二〇〇六年首相安倍晉三訪問中國時，與中方領導人胡錦濤所達成的共識，目的在於透過學者共同研究，進行對話、相互理解，以期對中日關係帶來正面作用。福田康夫訪中時也曾在北大演講指出，「在漫長的歷史長河中，儘管雙方有過不幸時期，但我們有責任和義務，不折不扣地去正視它，並傳承給後代子孫。」

歷史問題向來是中、日兩個亞洲強國產生摩擦的根源，參拜靖國神社、強徵慰安婦及竄改教科書等爭論，無一不是源自歷史觀的分歧。北岡於訪談中坦言，在雙方輪流進行的研究會談中的確觸及兩國交往的歷史糾葛，譬如二戰後始終敏感的南京大屠殺人數。「我們不認為研究就此結束，而是仍將持續下去」，北岡說，共同研究在今年三月將告一段落，屆時會發表報告。

六十歲的北岡伸一是專研聯合國、日美關係的政治學者，二〇〇四年春天，獲延攬以特命全權大使身分出任駐聯合國次席代表（日本在聯合國代表處有三位大使，當時北岡負責政務、人權）。北岡是小泉、安倍等首相都倚重的外交智囊，日本爭取入常（進入常任理事國）一事即是由他負責前線的運籌帷幄，兩年後，北岡從外交官重返民間，隨即成為日中共同歷史研究的日方首席，而中方領銜的首席則是中國社科院近代史研究所所長步平。

中日兩國攜手進行歷史共同研究，像是在尋找雙方的「和解之鑰」，因為日本一向把中國當成威脅，而中國則視日本為天敵，在彼此千絲萬縷的恩怨情仇中，願意針對影響中日兩國甚至東亞區域甚深的歷史問題，坐下來認真研究，本身就是一項艱鉅的工程。如同步平所言，歷史認識是一個複雜的問題，在對戰爭被害與加害者具有完全不同體驗的兩個國家之間，討論歷史共識更是相當困難。

化解兩國恩怨的努力，並不僅止於在歷史長河中的省思，遞補日方共同研究團隊成員小島朋之（前慶應大學教授，被讚許為日本當代中國研究第一人，二〇〇八年病逝）遺缺的東京大學教授高原明生，曾談到NGO組織在中國大陸的耕耘，他認為，對於改善雙方關係，政府能起的作用不大，反而是民間團體從側面幫助，往往發揮可觀的影響力，「雖然有人批評，中國那麼大，這是在沙漠中澆水，但我相信那種民間力量，種上幾百萬、千萬棵樹木，舒緩了原本高漲的反日情緒，也贏得農民信任。」

高原想告訴我的是遠山正瑛的故事，一個退休日本農學家帶領志工，在內蒙古恩格貝沙漠種植白楊樹的動人史詩。一九九〇年，從鳥取大學教授退休多年的八十四歲遠山，以「地球村民」自許在不毛之地定居，他發起恩格貝植樹百萬株的活動，並號召日本國民「每人每周省下一頓飯、支援恩格貝治沙」。十年之間，先後有七千多名志願者來到恩格貝，投入綠化沙漠的工程，而且從小學生到眾議員、前內閣大臣都有。我的朝日新聞朋友淺野千明，就是受其感召，年年跑到大陸去種樹。

遠山說，「解決環境問題必須世界一體，綠化中國沙漠也是在幫助自己」。被老人感召的不只是日本人，一位北京經濟學院學生從《人民日報》讀到〈一位日本老人與中國漢子的沙漠奇緣〉的文章，他在深受感動之餘，寄了一百塊人民幣響應，成為當地收到的第一筆國內捐款，隨後還加入志工行列。這位大學生就是後來的中國異議人士胡佳，他因為發表許多揭露中國壓迫人權紀錄寫實的報導，而遭到軟禁、判刑，引發歐美各國的關注和聲援。

老人當年在沙漠中澆水，應該未曾想過會長出像胡佳這樣代表渴望自由及捍衛人權的樹木，我在反芻日中「以史為鑑」一如在沙漠澆水的辛苦過程時，想像胡佳就是那沙漠裡的綠洲花朵，而且是遠山為日中友好所埋下的種子，在黃沙滾滾的大漠中開得這麼精采、堅韌。

後記：濁水溪畔的回響

中國大陸土地沙漠化的問題，始終困擾著北京政府，每年造成的直接經濟損失高達五百億人民幣，影響近四億人口的生活。從蒙古、內蒙地區南下的強大沙塵暴不僅籠罩大陸北方城市，甚至飄洋過海，衝擊韓、日等鄰近國家。我那位很愛種樹的日本歐吉桑淺野先生，幾年前退休後仍一如候鳥般飛往大陸植樹，當一個快樂的「綠人」。

這篇文章刊登的翌日，雲林縣長蘇治芬特地打電話給我，說遠山老人的故事讓她很感動，但是此刻她的故鄉也正面臨相同的考驗。身為縣長，蘇治芬當然責無旁貸，必須設法多種樹、加強綠化，以對抗天敵沙塵。那天，蘇治芬投書《中國時報》的「時論廣場」，寫下濁水溪畔的回響。

「馬」路上看見小蔣影子

「現在的兩岸關係是來之不易的穩定，這是共產黨等待多時的局面，儘管統一是不太可能的，但在一中原則之下，缺乏主權意識地提出兩岸簽署和平協議是沒有意義的」，東京大學東洋文化研究所副教授松田康博如此評論，「馬英九下這步棋是一著險棋！」

松田康博是日本學界研究台灣問題年輕一輩中的佼佼者，他不僅說得一口流利的華語，也會講簡單的台語，當年慶應義塾大學的博士論文更是以研究國民黨黨史為主題。多年前，在東京初識松田時，我非常驚訝於他對台灣政局的掌握程度，竟然遠超過一個跑政治新聞的資深記者，他形容民進黨將國民黨黨產問題當作自動提款機（ATM），又比喻台灣民主化進程是一種「分期付款」的民主，最後還把連宋與扁呂之爭搬上政治土俵，「就如日本相撲一樣，勝負決定在一瞬間」。

那時候的松田康博還在防衛廳防衛研究所任職，他不能對外發言，任何談話也僅止於意見交換，然而，每次與松田對談，無論是分析兩岸政經情勢或台灣政情發展，總有他的獨到之處，為我提供豐富的政治見解。去年四月，松田從改制後的防衛省退休轉任頗負盛名的東大東洋文化研究所，接替出任國立中央大學校長猪口孝的遺缺。猪口孝是日本著名的國際政治學家，他的妻子即是被喻為「日本萊斯（前美國國務卿）」的裁軍問題專家猪口邦子，小泉時期的美女刺客軍團成員之一。

松田經常來往於台灣、中國大陸及美國，與華府智庫、北京涉台機構熟稔，他與國安會諮詢委員楊永明等台日學者合著的新書，堪稱是總結戰後迄今台日關係的扛鼎之作。這回與松田在東京相逢，他對二次政黨輪替之後的台灣政局，照例又拋出一個極為有趣的觀察面向，「你不覺得，馬英九很像在走蔣經國路線？」松田認為，馬英九在對外策略上試圖學習小蔣。

「一九八〇年代，日、美與中國建交之後，台灣在國際社會是被孤立的，而且彼時的台灣是被貼上專制政權的標籤，不過，相較於六、七〇年代堅持漢賊不兩立，蔣經國的路線已經有所改變，他開放赴大陸探親，台灣選擇低調，致力於內部的民主化，李登輝則繼承此一務實路線，避免與中國搶正統。」松田說，「李登輝是學過劍道，他懂得懸劍以待，等待對方做錯事。」

「譬如一九八九年，六四天安門事件，重創北京的國際形象；一九九五、九六年兩次台海危機，也引起國際社會譁然。」松田指出，深諳劍道之理的李登輝，觀察對方動靜，並沒有逆勢操作；反觀陳水扁，卻逆勢而為，他採取與北京抗衡的戰略，讓國際社會對他始終有意見，這等於是重回一九七〇年代漢賊不兩立的老路子。

「那麼李登輝的兩國論呢？」我質疑他的論點，松田回應說，一九九九年的兩國論並不是為了選舉，而是有其戰略考量，當然也有李著眼於歷史定位的思考，他承認兩岸從此走得很艱難。「當中國要改革開放時，它無暇顧及台灣；不過，當中國開始崛起、減少犯錯時，台灣為了內部選舉與中國對抗，而且是一個綜合國力大幅提升的崛起大國，那卻是不聰明的」，松田分析，馬英九現在採取和解策略，換成任何人都會這麼做，改善兩岸關係，擺脫「麻煩製造者」的負面觀感。

「台灣應該要學會彎低身子，保留實力，不要去挑戰北京，而是等待中國內政出現很大變化，比如潛藏在大都會的貧富差距，或者發生政治體制的改變。」身為一個台灣女婿，松田給老婆娘家的建議是「不妨蹲下來」，他說，台灣與日、韓都面臨共同課題，也就是將自由、民主、市場經濟推到極致之後，發生諸如金融危機、貧富拉大，以及民主決策反應慢、行政效率不彰，要解決這些問題，需要花費很大心力與時間。

松田的話很有「田螺含水過冬」的深意，尤其那是一個具有中國特色的社會主義政權，充滿不民主、決策快及以武力鎮壓動盪的國家，他不諱言日、中兩相對照，確實讓日本人有挫折感。我能體會松田的弦外之音，因為十大建設不就是在小蔣任內推動？離開東大校園時，我告訴他，國家跟個人都一樣，越是不景氣越要躬身前進，勇於「投資自己」吧！松田給了我一個會心的微笑。

後記：北海道男愛上台灣女

我和松田康博初次見面是在東京外語大學的研究聚會上，那是日本「台灣學會」的例行會議，與會成員來自學界、企業界和民間智庫，當天討論的主題是台灣加入東協的可能性及影響。目前在北海道大學任教的前國安會諮詢委員林成蔚，也是這個團體的一員。

松田說北海道人豪邁，沒有東京人的冷漠，或許這是他贏得妻子芳心的原因。二十多年前，淡江、麗澤兩所台日大學互派交換學生、學習語言，松田因此愛上老家是台南望族的胡小姐，最後成為一個講台語嘛ㄟ通的台灣女婿。松田與我同年，他工作勤奮、治學嚴謹，二〇〇八年從防衛省退休獲聘為東京大學副教授，我永遠忘不了，當時他在台北和我分享此事的喜悅。

當中國大陸台灣化

二〇〇四年十二月下旬，在東京西池袋的立教大學，即將轉任東京大學的高原明生帶著我做最後的校園巡禮，鐘樓、教堂等著名的日劇（如木村拓哉主演的《長假》）景點映入眼簾。聖誕節的腳步已近，濃烈的節慶氣氛瀰漫立教大，夜色低迷，寒意襲人，我在趕搭地鐵的途中，驀然想起與高原初次見面時的一段對話。

「中國大陸已經是一座世界工廠，甚至是世界市場，象徵著龐大的經濟利益，但軍事擴增卻又對亞太和平帶來不確定的影響。你認為，這樣的中國究竟是機會或威脅？」二〇〇二年夏天，在立教大法學部教授研究室，我向四十出頭的年輕學者高原明生請教。

「儘管尚未民主化，但是中國在軍事力量的增強與經濟交流的頻繁兩個雙重影響下，整體的綜合國力已愈來愈大」，高原分析說：「不過，戰略對抗與經濟合作兩者之間是有矛盾的」，在他看來，如何看待中國軍事力量的擴展，以及各國進軍大陸市場的現象，需要找到一個能維持各方利益的「平衡點」。那時的高原明生，努力研究中國問題，關切兩岸局勢，試圖在「對抗」與「合作」尋求平衡。

再次見面，高原剛結束為期一年的哈佛大學客座研究員，自美返日，而我恰巧作客東京，兩人聊起台灣時局，他要我代為問候時任立委的「同學」賴幸媛。高原曾留學英倫，與賴幸媛是英國蘇薩克斯（Sussex）大學開發問題研究所的同窗，早些年還常有聯繫往來。此後，高原明生憑藉著長期在中國大陸的調查研究及歐美求學訪問的歷練，成為日本頂尖的中國問題專家。

二〇〇七年十一月高原在一份名為「日本對中綜合戰略」的政策建言中指出，中國到了二〇二〇年將處於「成熟大國、霸權大國、未成熟大國、不安定大國」這四種可能狀態之一，其中可能性最大的是「未成熟大國」。他倡議永田町應及早與北京建立戰略夥伴關係，並考慮定期舉行日美中三國峰會，這一年溫家寶訪問東京，以「融冰之旅」回應前一年安倍晉三的「破冰之旅」，日中雙方達成以經濟合作為核心所發展的「戰略互惠」關係。

「戰略互惠」是否就是高原追尋的平衡點，我沒有再確認，二〇〇九年春天，高原與我在霞山會館重逢，他對台灣的關注一如以往，但論述的視野與高度，卻更勝從前。我們站在高處俯瞰被蓊鬱林木包圍與護城河環繞的巍峨皇居，從日美中的三角關係談到台海問題。

「誰也不好防止中國的崛起，何況十年以後，它的經濟發展空間還很大。既然如此，那就要利用它的崛起」，高原認為：「從事戰略對抗，進行軍力擴展競爭，日中美三方最終都會受不了，不太可能繼續下去」、「與其對抗不如共生，就是所謂的『戰略共生』，但這需要彼此有信任，因此必須開始對話，找尋共生之道。」

高原表示，日中雙方談戰略效果較少，需要美國參與，「日美中三角對話機制」應該要建立。美國國務卿希拉蕊接受朝日新聞記者船橋洋一的訪問時，也強調贊成三方對話機制的建立，高原順勢闡述自己主張說，對話應是多層次的架構，最上層是首腦，其次是國防、外交部長的「二＋二＋二」，然後從最底層的局長級開始著手。

「那麼台灣呢？」我問高原這是否會取代日美同盟，「台灣與大陸之間，無論就長期構想或未來目標，統一或獨立都不能見，但台灣有自己特別價值，應該要傳達這些價值去影響大陸」，高原形容這就是讓中國大陸「台灣化」，相較於香港「大陸化」，台灣有這樣的實力與條件。

「兩岸長期來看，不是政府與政府之間的問題，而是兩個社會的問題，但這需要時間」，高原說：「台灣有自己的民主體制、生活格式、言論自由、學術自由、信仰自由……，這些都是台灣的價值」、「未來政府能起的作用不會太大，重要的是社會力量，而我相信這個力量，因為那是一個成熟的社會所擁有的。」

前後七年，高原明生依舊展現他對台灣社會的信心，「台灣現狀能維持多久、兩岸是否走向統一，完全取決於台灣人的信心，以及對自己認同的強度而定」，高原談的是「中華認同」與「台灣認同」的拔河，然而，他也說個人並不擔心，「因為台灣人最自由了！」這個生猛有力的結論令人莞爾，我抬頭發覺那一天的東京晴空萬里，彷彿可以望見大陸「台灣化」的美麗想像。

後記：我的同學賴幸媛

高原明生第一次談「我的同學賴幸媛」時，她是扁政府的國安會諮詢委員，兩年後，她成為台聯不分區立委，七年後，她被馬英九延攬入閣出任陸委會主委。我從沒有跟賴幸媛提過高原教授，但我確信高原在負笈英倫的回憶中，曾對他的台灣同學有不錯的評價。

賴幸媛已先後擔任國安顧問、國會議員及部會首長，從綠到藍，由民轉官，宛如台灣民主務實而多元的縮影。她的日本同學則從立教大學到東京大學，儼然有已故中國問題權威小島朋之接班人的架式。高原說，「與其對抗不如共生」，他的「共生論」正由那個聰明的英倫同學努力實踐中。

跨越國境的離島情誼

四月十五日，在花蓮訪問的日本沖繩縣石垣市市長大濱長照，向隨行的共同社記者說，計畫登陸釣魚台調查固定資產稅的事情，因為東京方面反對，所以他決定這次不去了。大濱表示，他已接獲來自日本政府的通知，認為沒必要登陸釣魚台，駁回他的申請案，而他本人也認為，將問題複雜化，並非他的本意，遂決定放棄登陸計畫。

我採訪過大濱長照，他的兩道濃眉，就像是郝總長的翻版，令人印象深刻。二〇〇五年元月初，我的琉球之行來到石垣島，那記憶中只存在於發布颱風警報時的蕞爾小島，一個看似熟悉卻又陌生的氣象地標。當年的大濱長照，在市長室接受訪問，談論的話題就包括敏感的釣魚台（日本稱尖閣諸島），這座充滿爭議的島嶼主權，在日方是劃歸石垣市的行政管轄範圍。

大濱拿了一堆文獻史料，說明日本對釣魚台的主權，不過，他態度溫和，解釋意義大於政治宣示，何況我們並不想陷入冗長的歷史爭辯，畢竟他若一直在話說清末民初石垣島漁民的作業習慣，那麼我是否又要追溯至三山時代、琉球王國呢？作為東道主，大濱懂得待客之道，他聊起石垣市的「兄弟之邦」宜蘭蘇澳鎮，對寶島的風土民情印象極好。

一旁作陪的通譯林昭融先生，就是最佳見證。我從那霸、宮古一路來到石垣，造訪八重山群島的政經中心，在人口僅四萬八千人的小鎮上，負責接送的他，不僅讓我感受到有同鄉照顧的溫暖，身為一個早年隨父親移民此地的台灣人，林桑與大濱市長乃至石垣市公所人員的熟識情誼，也讓我體會了台日民間交流的深厚根基。

不只是蘇澳與石垣關係密切，往返於那霸和基隆之間的麗星郵輪，也會在此地停靠，或者說，東北角的沿海鄉鎮乃至台灣討海人應該都熟悉石垣。在石垣港口聽取簡報時，真正引起我注意的解說，並非定期客輪靠岸帶來的商旅人次，而是有台灣漁船為躲避颱風進港避難，以及各種事故引發的海上救援，那裡頭有遠親不如近鄰的互助之愛，既無國界之別、疆域之分，當然也沒有壁壘分明的政治對抗。

這是我對石垣最初也是迄今唯一的接觸，但我並未遺忘島嶼與家鄉的關連。已經當選四任石垣市長的大濱長照，去年底曾經在市議會答詢時發表「釣魚台應由日本、中國、台灣共同調查研究」的主張，這位六十一歲的市長說，釣魚台就如同位在厄瓜多外海的加拉巴哥群島（Galapagos Islands，世界自然遺產）一樣，有很多珍貴的動植物，應該由日、中、台共同研究調查，以對人類的福祉做出貢獻。

大濱的言論隨即引起質詢議員仲間均等人批評為「發言輕率」，迫使他撤回這項發言。事實上，大濱向中央申請登陸釣魚台也多半出自石垣市議會的決定，只不過日本政府清楚這是燙手山芋，外務省發言人兒玉和夫對此案就評論說，「實地調查不需要進行如此細微，掌握資產狀況的程度即可。」中央政府的明確表態，讓登島之舉告吹，連受理都省了。

「沒有比和平更可貴的東西」，在大濱長照的座右銘裡，生命可貴、和平無價，後人絕不能忘卻太平洋戰爭的悲劇。一九八四年三月，石垣市發表《非核和平都市宣言》，自此建立一個永遠的非核家園，以「日本最南端的自然文化都市」自許，成為島民世代努力的目標。

大濱長照本身是一個內科醫師，他就是辭掉縣立八重山醫院院長一職，投入市長選舉，從此展開他長達十五年的政治生涯。最近大濱市長為了地方反對八重山醫院獨立法人化的問題挺身而出，他認為，儘管縣的財政嚴峻，但是「保護居民生命，不就是孤島綜合醫院的作用？」對於民營化走向的保留，顯示大濱對自己曾服務過的市民醫院有深入的體認與一定的堅持。

這個正在上演的離島故事，多麼像竹野內豐和菅野美穗主演的日劇《Tomorrow》情節，八重山醫院與西山室市醫院的處境對照，竟是如此近似與寫實。在石垣島，我曾看見和蘇澳締結姊妹市已逾十載的小鎮身影，也聽到為生計遠渡重洋在異國拚鬥的熟悉鄉音，雖然大海環伺、波濤洶湧，但國境廣袤、孤島情深，我相信大濱市長在蘇澳栽種的那棵小樹苗，有一天將會長成枝葉茂盛的大樹，迎接明日升起的朝陽。

後記：有台灣血統的夏川里美

石垣島位於琉球列島的八重山群島南方，距離沖繩縣廳所在的那霸市四一〇公里，距離台灣僅二七〇公里。二〇〇五年冬天，我和朝日新聞的淺野先生前往石垣島，當晚負責通譯的林先生，邀來幾位早年移民石垣的台灣鄉親，有做園藝，也有開民宿，他們熱情接待，頻頻勸酒，親切的鄉音溢滿酒館，讓我感受到那與台灣一衣帶水的離島情緣。

我最喜歡的療傷系歌手夏川里美也出身於此，她的祖母是台灣人，等於有四分之一的台灣血統。從小就在沖繩小酒吧駐唱的夏川，八歲起就在各項歌唱競賽嶄露頭角，她的歌聲，曾被讚譽為「四十年來才出現一次的歌手」。夏川最膾炙人口的歌曲〈淚光閃閃〉，曾被翻唱為〈白鷺鷥〉（黃品源）、〈陪我看日出〉（蔡淳佳），聽她的歌聲，總是讓我想起台語天后江蕙。

揮之不去的北國鄉愁

「我想見吾爾開希，順便採訪一些學者專家」，在《北海道新聞》任職的佐藤說，為了六四事件屆滿廿週年的專題，她計畫在近日內到台灣跑一趟，希望我能幫她代為聯繫。「王丹剛好在台灣，你或許應該和他見個面」，我不清楚一個日本地方媒體為何會對六四感到興趣，但我知道作為北海道發行量最大的報紙，高度關注台灣已是理所當然之事。

台灣與北海道近年來交流頻繁、關係密切，在每年前往北海道旅遊約七十萬人次的外籍觀光客中，位處亞熱帶的台灣佔了四成，有近卅萬。四年前的冬天，我駐足小樽運河的倉庫前，周遭開口講話的盡是令人再熟悉不過的鄉音，在北海道JR鐵道上班的高橋敬治笑稱，台灣對北海道很重要，「因為我們有一半的觀光收入都是來自台灣朋友的貢獻」。

從炎熱慵懶的南國到冰天雪地的北海道，這是一種非常奇妙的連結，台灣人對北海道情有獨鍾，大批觀光客湧進札幌、富良野和阿寒湖，而北海道人也對台灣投

札幌市區夜景。

桃報李，率先鼓吹開放台灣駕照、研議贈送丹頂鶴。不過，台灣對北海道的了解卻遠不如北海道對台灣的好奇，佐藤曾經奉派來採訪縣市長選舉，她認得羅文嘉，也聽過胡志強的演講，反觀台灣很可能連北海道知事是誰都不認得。

要深度了解那個人口僅五百多萬、但又比台灣大二點三倍的島嶼，不妨從北國的邊境鄉愁談起。

今年五月中旬，俄羅斯總理普丁造訪日本，在出席一項日俄地方政府層級的交流會議上，他對於北方四島（國後、擇捉、色丹及齒舞群島）的問題表明，「為了解決兩國間因歷史而留下來的難題，加深區域交流也是不可或缺的。」隨同普丁出席的俄國地方首長，包括莫斯科市長及薩哈林州（即庫頁島）州長，同樣與會的北海道知事高橋春美則表示：「希望北方四島問題早日得以解決，日俄雙方能簽署和平條約。」

總面積約五千三百平方公里的北方四島，向來是影響日俄互動的核心問題，由於兩國互不相讓，從日

俄戰爭經二次大戰之後一直延續至今的領土爭端，成了雙方關係的死結。一九四五年十二月，北海道根室町長安藤石典向盟軍統帥麥克阿瑟遞交申請書，掀起一股要求歸還北方領土的連署運動，截至目前為止，這項運動已獲得八千萬人的簽名連署，日本對北方四島返還的堅持，已歷經一甲子的歲月洗禮。

直到今年二月，日本首相麻生太郎應俄羅斯總統梅德維捷夫之邀，成為戰後第一位訪問薩哈林島南部地區（南樺太）的日本首相，雙方在北方四島與南樺太的恩怨情仇始再度浮上檯面。俄國人的「薩哈林」就是日本人口中的「樺太」，島上以白樺木多而著稱，北方四島即屬薩哈林州所轄。日劇《霧之火》即是以樺太真岡郵便局一段動人故事為背景，取材蘇聯入侵南樺太時，九位女接線員在戰火中死守殉職的悲劇史實，她們在獲悉敵人軍隊接近之際，於最後通話中互留遺言，集體服毒自盡。

當麻生走在至今仍殘留日治痕跡的南樺太，與俄國總統暢談北方四島的問題，他應該會明瞭去年日本電視台為紀念開台五十五週年，而製作《霧之火》這齣年度大戲，也不會忘記自己曾在擔任外相任內，倡議日俄分割北方四島的主張。

然而，面對北方四島，日本一貫的解決方法還是以合作換領土，用提供經濟發展所需的技術與資金，期望誘使俄羅斯做出讓步，前外務省事務次官谷內正太郎甚至提出歸還「三點二五個島」給日本（即最大的擇捉島的百分之七十五歸俄羅斯），這個論調也被視為麻生的潛在構想。亟欲將目光投向東邊的普丁，其實是很樂於務實處理此問題，他表示，俄方已準備好針對「所有選擇」進行對話，對解決日俄邊境之爭，展現一定的誠意。

我的日本朋友曾來台灣，採訪過烏山頭水庫和八田與一的故事，對於日據時代下的佔領地，總是顯露出一股揮之不去的邊境鄉愁。就像在北海道最北端的城市稚內，隔著宗谷海峽遠眺對岸的南樺太，既為戰爭阻絕故土和親人而感傷惆悵，也為動亂劃分民主與專制而震懾不已。我想起即將來訪的佐藤，不知道她是否也有過這樣的感覺？

後記：山崎豐子的《不毛地帶》

日俄在北方四島的歷史問題，讓我想起作家川崎豐子同名小說改編的經典日劇《不毛地帶》，雖然故事內容主要在描述爾虞我詐的商場攻防，但二戰後主角壹崎正在西伯利亞的戰俘經歷，卻是串連整齣戲的元素。直到今日，當年被扣留在西伯利亞的戰俘，仍有九萬多人在世，他們最想告訴下一代的話是「反戰與捍衛和平」。

《不毛地帶》的主人翁真有其人，川崎豐子是以帝國大本營作戰參謀瀨島龍三為創作原型，而且幾乎如出一轍。瀨島終戰時與關東軍司令山田乙三、參謀長秦彥三郎一同被俘虜，輾轉送至西伯利亞，被釋放回日本後，進入伊藤忠商事任職，然後一路做到取締役、專務、會長，二〇〇七年以九十五歲高齡過世。

不能說的祕密

六月初，廣島縣核爆受害者團體協會向首相麻生太郎送交請願書，要求立即公開和日美密約相關的文件，對於官房長官河村建夫否認有日美密約存在一事，他們不滿地說，「日本歷任政府一直在欺騙國民」，作為核爆受害國的首相，應該向世人明確地宣示「絕對禁止核武器入境」的立場。

點燃密約引線的是來自媒體的獨家報導，共同通信社在五月底披露，四名前外務省事務次官透露，一九六〇年修訂《日美安保條約》時，日美兩國曾有過密約，默許搭載核武器的美軍艦艇和飛機進入日本。這項密約由事務次官等外務省核心官僚管理並交接，曾依照官僚系統的判斷，告知過橋本龍太郎、小淵惠三等曾任首相和外相的政要。

日本一貫主張「沒有密約」這種事情，這是因為日本是世界上唯一的核爆受害國，長期堅守「非核三原則」，即「不擁有、不研發、不攜入」核武，日美雙方若存在同意「攜核入境」的密約，不僅違反非核原則，也不被多數國民所接受。畢竟廣島、長崎兩地原爆的慘痛教訓，至今仍記憶深刻，密約一事既把人民蒙在鼓裡，也將揭開原爆的傷痕。

根據外務省退休官員的爆料，當年美方在修訂安保條約時關於「攜核入境」的解釋，僅限於地面部署的核武器，換言之，不能攜帶入境的只有地面核武，至於搭載核武的美國艦艇和飛機進入日本港口或機場，則不屬於需要日美事前協議的「攜核入境」問題。

當時的岸信介政府默認這樣的解釋，不過，隨後上台的池田勇人內閣卻在國會答辯中推翻。池田政府認為，即使是搭載核武的艦艇停靠在日本港口，也是屬於「攜核入境」，因此適用安保條約所規定的事前協議。

一九六三年四月，擔心密約生變的美國駐日大使賴世和（E. Resischauer）和時任外務大臣的大平正芳（後任首相）舉行會談，美方要求確認「攜核入境」的密約解釋，大平外相也在當時首度獲悉密約的存在，並且同意其內容。有關密約的始末和解釋，以日文記錄在內部文件，並由外務省北美局和條約局存檔。

在共同社之後，《每日新聞》與《讀賣新聞》相繼於六月下旬跟進，並且訪問了在一九八〇年代後期擔任外務省次官的村田良平，他除了證實的確有祕密協議的文件之外，也透露日本政府將宗谷、津輕、大隅、對馬東航道、對馬西航道等五個海峽的領海並非採行一九七七年《領海法》規定的十二海里，而是三海里，主要是避免運載核武的美軍艦艇在通過海峽時會衍生為政治問題。

共同社採訪的四名退休外交人員，都曾在一九八〇至九〇年代期間任職過外務事務次官，他們不但見過協議文件，還必須交接密約內容，並且向首相、外相彙報。在接受媒體的訪問時，他們直言日美密約，「這是一個大祕密」、「日本一直在對國民撒謊」、「某些在國會上與事實不符的答辯令人羞愧」。

《美日安保條約》是冷戰時期的產物，而日美雙方為「攜核入境」締結密約的目的，其實是藉此彌補彼此的不信任感。戰後的日本政府和國民的信賴關係很薄弱，政府不知道該怎麼向國民說明；相對地，當時的美方也不清楚日本能做到什麼樣的程度，因此，簽個「心照不宣」的祕密協議是最佳選擇。

知名的漫畫家川口開治，曾有一部媲美電影《獵殺紅色十月》、《赤色風暴》的軍事漫畫《沉默的艦隊》，故事描述核能潛艦「大和號」叛逃引發的美日關係緊張，以及追求世界新秩序建立等觀點，在日本社會造成轟動，引發美國的高度關注。川口開治筆下的故事鋪陳，宛如是對美軍駐日問題，乃至戰爭與和平的反省，尤其當日本潛艦抵達聯合國總部時，日方「攜核入境」像是以其人之道反制其人，充滿諷刺。

川口的漫畫有他的浪漫思維，但推翻政府長年立場的人，還是外務省退休官員，儘管美方早已承認密約史實，但日方始終不願鬆口。「攜核入境」的密約是日本不能說的祕密，這是比詢問皇室動向難度更尷尬的話題，真要解密，恐怕還有待更多專業的外交官挺身而出。

官房長官河村建夫在記者會上說：「沒有密約，歷代的首相、外相都明確否認有密約的存在，這就是政府的見解。」這個用膝蓋想都知道的答案，說明日本人的隱忍特性，毋寧也意味此刻的日本需要的是一場天翻地覆的改變。

後記：打開潘朵拉盒子

政黨輪替讓日本打開外交史上的「潘朵拉盒子」，外務省組成的專家調查委員會，最終報告確認日美三份密約，包括美軍攜核入境、不經事先協商即可使用基地（朝鮮半島發生緊急事態）及美國歸還沖繩時應允美軍在突發事件時攜核進入沖繩。外相岡田克也在記者會上也正式承認密約的存在，推翻歷任政府的否定態度。

默許美軍搭載核武的軍艦和飛機經過或停靠日本港口，雖違反日本的「無核三原則」，卻是《日美安保條約》修訂的關鍵。前首相大平正芳的女婿兼秘書森田一，在他的回憶錄裡記載，大平在去世前曾向幕僚詢問，「國民能否理解政府之所以默許美軍攜核過境或停靠，實在是迫不得已哪！」

大風吹來沖繩的美軍

那一年十月八日，NHK報導說，「二十二號台風」是近十年來侵襲關東最大的颱風，預估下午五點暴風圈的位置在東京灣外海，逼近首都圈。計程車司機笑著告訴剛離開成田機場的我，日本人之所以稱颱風為「台風」，那是因為日本的颱風都是「從台灣方向吹來的大風」。

今年八月，日本媒體報導「八號台風（莫拉克）」重創南台灣，《產經新聞》指出，由於台灣南部遭到「八號台風」帶來的豪雨災害，美軍飛機將於十六日起進入台灣展開人道救援。美軍的C-130運輸機預定當日抵台，而台灣所要求的大型直升機也會在數日內到達。這些飛機很有可能來自沖繩的美軍基地。

我沒忘記那年秋天在東京遇到的颱風，以及陌生的運將熱情地對「台風」一詞的解說。多年後，無須等颱風吹到沖繩，更不要說千里之外的東京，台灣已被挾帶百年來首見雨量的大風肆虐得體無完膚，而且這回災情之慘重，竟然急需要來自沖繩的援助。

一個「台風」串起沖繩和台灣，那些看似各自獨立、實則彼此牽連的問題，說明了琉球群島和台灣之間的關連性。

滿載塑膠布的KC-130J美軍運輸機，飛抵台南空軍基地，媒體報導，這是自一九七九年美台斷交後，美軍飛機再次進入台灣。飽受各界批評救災應對遲緩的馬政府，在決定接受國際援助之後，美軍的馳援不啻是最受矚目的行動。除了運送救災物資的C-130外，美軍還將向受災嚴重的高雄縣派出可以運輸挖土機等大型機械的特殊直升機。

C-130運輸機是從嘉手納基地起飛，那裡是美軍在西太平洋最大的空軍基地，一九七二年琉球回歸日本之前，嘉手納基地尚有台灣的戰鬥機F-104和運輸機C-46會定期往來飛行。至於能夠吊掛機具的直升機，應是俗稱「海上種馬（或謂超級種馬）」的CH-53E大型運輸直升機，配屬在美軍第一陸戰隊航空團所在的普天間基地。

嘉手納基地佔地約二十平方公里，橫跨嘉手納町、沖繩市、北古町，早年為日本陸軍航空隊的機場，二次戰後被美軍接收，目前是空軍主力戰機F-15C/D、空中補給機KC-135、空中預警機E-3及十幾架特殊作戰軍機的飛行場。二〇〇五年我在沖繩進行訪談時，曾前往嘉手納基地附近，跟著一群飛行迷拍攝軍機起降的畫面，當時的拍照管制已無以往嚴格，那些呼嘯而過的身影，深深地吸引了每個人的相機。

普天間基地位在宜野灣市，佔了全市四分之一的面積，為美軍陸戰隊空中軍力的大本營，駐紮一百多架直升機。不過，長期以來，普天間機場製造的噪音、環境汙染及安全問題，一直是美日雙方在沖繩駐軍上的爭論焦點。二〇〇四年八月中旬，一架美軍CH-53直升機在宜野灣市的沖繩國際大學校園內墜毀，引發當地居民的惶恐不安，要求美軍關閉普天間機場的聲浪四起。

那一年秋天我赴日訪問，即著手琉球群島的採訪計畫，隔年開春，當我站在宜野灣市郊山丘的公園俯瞰普天間基地時，對直升機竟能在櫛比鱗次的建築物之間穿梭來去，感到十分驚訝，尤其基地內頻繁起降的忙碌情形，從遠處眺望，宛若叢林裡的工蜂，宜野灣市民與美軍的互動何以緊張，那個制高點目擊的畫面，足以回答一切。

我從未想到嘉手納、普天間兩處基地與台灣會產生關連，然而，因「八號台風」衍生的人道救援，卻因緣際會地將駐守沖繩的美軍送來台灣，兩棲運輸補給艦載運MH-60S（knighthawk，騎士鷹）直升機和俗稱「黑鷹」的UH-60直升機，直驅台灣外海，成為台美斷交三十年來的罕見現象。

台灣對颱風的氣象預報，經常以琉球群島為預測的地理位置，如今，一個在琉球群島以東、西北太平洋上的熱帶性低氣壓，並且由泰國命名為「Morkot（綠寶石之意）」的中度颱風，重創南台灣，引發國際關注。隨後，駐紮沖繩的美軍因此意外馳援我的家鄉，這不僅顯示島嶼與島嶼之間一衣帶水的命運，當然也有人道超越國界的意義。

那一年，我在東京遇見從台灣吹來的大風，而今年海上的大風不但吹來沖繩美軍，更吹來大陸、韓國、歐盟、新加坡及以色列等國際援助，屹立風雨中的島嶼，有著源源不斷的溫暖送達。我們從來就不曾孤單，因為風雨故人來。

後記：繁忙的嘉手納基地

總面積約二十平方公里的嘉手納空軍基地，由在日美軍「第五空軍」所管轄，基地裡有兩條長達三千七百公尺的跑道，可以提供像747這樣的大型客機及太空梭起降。目前常駐的軍機有二百架，主力部隊是第十八航空團，包括美軍一萬八千人和四千名日本人員組成，為遠東最大的空軍基地。

部署在嘉手納基地的軍機有F15戰機、KC135空中加油機、E-3AWACS空中預警機、MC-135運輸機、WC-135偵察機和救難直升機WC-135。美軍最先進的戰機F-22也曾數度進駐，該機不僅可以配備任何武器，也有敵機無法捕捉的隱形功能。起降頻繁的嘉手納，既是日美安保同盟的屏障，也是美軍因應西太平洋和東南亞緊急事態的樞紐。

美軍在八八水災首度派遣來台協助救災的MH-60S 直升機。（圖片提供：吳明杰）

東亞共同體的三國演義

晚秋時節的早稻田大學校園，有著一股斯人獨憔悴的寒意，從正門一路走過，兩旁夾道並列的銀杏樹開得特別燦爛，絲毫不輸給明治神宮前遠近馳名的銀杏大道。我從研討會離開，將一個描繪東亞遠景的議題暫時拋在腦後，冷風颼颼，心情沉沉，一種難以言喻的蒼涼感油然而生。

這是快五年前的往事了，那時候，「東亞共同體」是一個產官學界都關注的熱門話題，立場親左的朝日新聞與早稻田大學合辦研討會，除了日本之外，邀來中國、韓國、新加坡、泰國、馬來西亞的學者專家，我不解地詢問同行的朝日友人，為何獨缺台灣？他回答說，早大方面可能有所顧慮，擔心北京因此不派人與會吧！

早大研討會登場之前，我剛好前往本鄉的東京外語大學，參加一個知台派的聚會，那是由多位日本學者共同組成的「台灣研究會」，當晚是定期的讀書會，由一名智庫研究員報告東協加三的利弊評估。與會的東京大學教授若林正丈是老朋友了，他告訴我，在日本研究台灣問題的人是很少數，「今天差不多都到齊了。」

以「東亞共同體」為主題的國際研討會，和台灣研究會的閉門討論，形成一個對比鮮明的畫面，我當然明瞭這是台灣在亞太地區的處境，卻仍不免有些悵然。事隔多年，日本首相鳩山由紀夫跑到北京人民大會堂，在中日韓三國領導人會議上，高談「東亞共同體」的構想，那種台灣獨憔悴的蒼涼感受又浮上心頭。

九月二十一日，鳩山在紐約與中國國家主席胡錦濤舉行會談時，提出「東亞共同體」的概念，他說，日本政府將沿襲對侵略戰爭和殖民統治表示道歉的「村山談話」路線，並主張能夠超越雙方立場差異的外交、能夠認同相互差異的關係，就是「友愛」。鳩山隨後在聯合國大會的演說，再度宣揚他的招牌理念，他強調，日本要扮演橋梁角色，催生「東亞共同體」的成立，而這正是源自他的政治哲學「友愛」。

鳩山不是第一個倡議「東亞共同體」的首相，右翼的前首相小泉純一郎，也曾在二〇〇二年提出類似的構想，不過小泉認為，「東亞共同體」不能排除美國，除了經濟整合之外，也應該納入安全保障。但無論小泉或鳩山，歷任的日本首相都希望將澳洲、印度納入「東亞共同體」，這與中、韓的認知有著基本矛盾，換言之，關於「東亞共同體」的成員、目標及方向，中日韓三國之間各有盤算，設若牽涉美國，更是錯綜複雜的課題。

「東亞共同體」與「對等的日美關係」被視為鳩山政權在外交政策上的兩大支柱，日本自二十世紀末開始意識到亞洲的重要性，過去明治維新推動「脫亞入歐」迎來一個工業化的日本，現在因為中國的崛起、印度的市場及東協的抬頭，讓日本對重返亞洲有了深刻迫切的體認。

「亞洲學」的興起是最具體的象徵，從仿照歐元成立以亞洲共通貨幣為單位的「亞元」開始，議會民主、市場經濟乃至漢字文化等共同價值，無一不是在討論「東亞共同體」時所涉及的面向。但不管如何定位，是否走向「脫美入亞」一途，卻是日本內部始終不願也不會碰觸的敏感問題。

「東亞共同體」是一個非常有趣的國際權力遊戲，中國國務院總理溫家寶曾經表態支持由東協主導，南韓也贊成此議，以換取日本在歷史問題及在日韓人參政權上的讓步，中日韓是這個框架底下的第一個三國演義，目的是為了爭奪亞洲主導權。至於對「東亞共同體」抱持疑慮的美國，則與日本、中國形成框架的第二個三國演義，關鍵在於海陸強權的終極爭霸。

鳩山說，創建「東亞共同體」是為了降低亞太地區的安全風險，共享經濟活力所帶來的巨大利益。然而，在北京傳媒看來，這卻是一種政治包裝後的外交手段，那是東京對中國的包圍策略，意圖建立一個以日本為中心的亞洲新秩序。

日本人向來對《三國演義》情有獨鍾，鳩山四處敲鑼打鼓的「東亞共同體」，像極了諸葛亮為劉備獻策的「隆中對」，希望藉此奠定三國鼎立之局。面對中國和美國分庭抗禮的大勢，以提倡「和亞洲共生」為要的鳩山政府，已擺出日本的戰略，那麼身為東亞一員的台灣呢？

後記：新亞洲學的興起

「東亞共同體」的概念是源自歐洲共同體（乃至後來的歐盟）的反省，而日本亟思依歐洲統合模式創建屬於東亞地區的構想。曾在二〇〇三年的東協（ASEAN）高峰會上被列為討論議題；二〇〇九年十月，在北京舉行的中日韓三國領導人會議，共同宣示要推動「東亞共同體」的成立。

一如「親美入亞」，催生「東亞共同體」也是日本亞洲研究的一環。附帶一提的是，早稻田大學教授毛里和子是這方面的權威，二〇〇二年，在日本政府的支持下，毛里於早大創立「現代亞洲學研究院」，從而推動「新亞洲學」的發展，並在政經、學界蔚為風潮。

當《紅燈記》不再有鳩山

一對情侶談戀愛，剛開始的甜言蜜語，總是不可或缺的；一對冤家要變親家，多說好話少講壞話，那也是必備的條件。正處在蜜月期的中日關係，似乎印證了這些顛撲不破的道理。

十月上旬，日本首相鳩山由紀夫訪問北京，中共中央宣傳部下了一道命令，要求國內媒體今後在製作以抗戰為題材的電視劇時，不要再使用「鳩山」作為日本反派人物的姓氏。

鳩山訪問中國之前，適逢中共十一慶祝建政六十週年的活動，一些以對日抗戰或與國民黨內戰為主題的電視劇，如火如荼地播映中。鳩山抵達時，中宣部跟著要求傳媒減少播放和抗戰相關的電視劇。這不僅是送給鳩山的一份見面禮，也是代表中方向日方釋出的善意。

「鳩山」姓氏和抗日劇本有關，甚至被視為反派角色的代名詞，其實是源自一齣中國著名京劇《紅燈記》，劇中狡猾凶殘的日本憲兵隊隊長，姓氏就是「鳩山」。由於《紅燈記》是文化大革命期間的樣板戲，人們對這齣紅色經典耳熟能詳，因此連帶對日軍「鳩山」的壞人印象深刻，這使得「鳩山」聲名大噪，儼然成為中國人對日抗戰的假想敵。

《紅燈記》是描述在抗戰期間與日軍鬥爭的共產黨地下黨員的故事，主角李玉和一家人突破敵人包圍，成功地轉送共產黨密碼的任務。文革十年浩劫，大陸百戲被禁，唯有《紅燈記》拜四人幫的江青點名之賜，火熱不已，成了「八大樣板」之首。

多年前，《紅燈記》也曾在台北上演，當時為了劇中的「共產黨舉義旗」及歌頌「毛主席」等敏感情節，引發不少爭議。但無論爭的是什麼，憲兵隊長鳩山在中國人民心目中的形象卻根深柢固，而一個反映國仇家恨的日本姓氏，竟意外地寄附在京劇反派角色之中，直到兩國關係撥雲見日，沉冤才得昭雪，也算奇談。

這個小小的改變，象徵著鳩山政府上台後的中日關係，已起了細膩且顯著的轉變。鳩山甫結束中國之行，民主黨政權的藏鏡人，即將在明年參議員選舉督軍的黨幹事長小澤一郎立刻宣布，預定十二月十日訪問北京，計畫會晤中國國家主席胡錦濤、國務院總理溫家寶等人。

事實上，民主黨的四巨頭與中國都有深厚的淵源，以鳩山由紀夫為例，曾祖父曾負責調停北洋艦隊訪日期間與當地警民的衝突事件，祖父促成中日民間貿易協議，父親則是中日和平友好條約的主談人。這還不包括鳩山本人曾任日中友好協會副會長，以及他那位生於上海的夫人鳩山幸。

小澤更厲害，除了推動日中交流的「長城計畫」已十多年之外，他早於二〇〇六年率團訪問北京時，就和胡錦濤就雙方建立定期交流機制達成共識，而中共第五代領導人之一的國務院副總理李克強，年輕時訪日還曾住在小澤家裡。

另兩位鳩山政權的巨頭，副首相兼國家戰略大臣菅直人、外相岡田克也，也都各自有他們的中國人脈。菅直人曾拜會過李先念、江澤民、胡錦濤，他反對小泉參拜靖國神社，強調日中友好關係不該局限於二十一世紀，應持續二千年。岡田則亦頗受中國媒體期待，因為他的曾外祖父曾支援過孫中山，而岡田的親中色彩還成為被右翼抨擊的「媚中」人物。

鳩山上台後，積極實踐民主黨在眾議院大選中的競選綱領，「全力建構與中國、南韓等亞洲鄰邦的信賴關係」，尤其面對中國，鳩山強調，「要使戰略互惠關係更有內涵。」這日中「戰略互惠」一詞，喚起我的一段記憶，多年前一位共同社友人曾與我談及這項安倍首相的決策內幕，多年後我和參與決策的核心官員在東京相逢。

「今年是台日特別夥伴關係促進年，你的看法如何？」我開口問道，「特別夥伴可以自己單方面說嗎？能夠不事先經過協調嗎？」他略帶微詞的回答，讓我頗感訝異。二月下旬的東京赤坂街頭，冷冽逼人，那次晚宴的談話在我心中迴盪許久，台日外交之艱辛脆弱，遠超乎想像。

半年後，日本政局出現翻轉，民主黨延續自民黨「日中戰略互惠關係」的路線，把許多話講得比過往更露骨，讓美國有一種愛人即將「琵琶別抱」的擔憂，心裡很不是滋味。

當《紅燈記》裡不再有鳩山隊長，甚至已經很少演出這齣京劇時，那是否意味著一場涵蓋歷史問題、東海油田及東亞利益的「戰略互惠」，已經緩緩地展開了呢？我這麼思索，卻找不到答案。

後記：釣魚台掀波瀾

一年前，鳩山由紀夫前腳訪中，小澤一郎緊接其後，日中關係呈現空前的友好，《紅燈記》裡的大反派鳩山隊長，因政策性而憑空消失；一年後，鳩山已經下台，孤注一擲的小澤也垮掉了，日中關係在釣魚台紛爭上再起波瀾，民主黨政權飽受抨擊，自民黨的「影子內閣」也隨之展開運作。

欠缺互信基礎的日中關係，一遇到敏感的歷史問題，更顯得脆弱不堪。二〇一〇年的釣魚台撞船事件，徹底印證國際政治的現實論，因撞船而遭扣押的中國船長，在釋放後受到英雄式歡迎；外務省、法務省及首相官邸之間則在究竟是誰施壓放人的猜忌中推諉卸責。

至於中國京劇《紅燈記》的鳩山隊長，說不定還是會再登場。

二重橋畔的悔恨與救贖

從擁有百年歷史的帝國飯店出發，穿過日本近代第一個西洋式公園——日比谷公園，再沿著柳樹夾道的護城河越過櫻田門，世人熟悉的二重橋就在左手邊。放慢腳步，往前眺望，林木深處就是皇居所在了。

這是我的慢跑路線，那年秋天應日本交流協會之邀訪問東京，每天清晨，在還沒吃早餐之前，我起個大早，穿著球鞋循著固定路線跑一圈，然後再回來盥洗。天色已亮而寒意未散，從「帝國」到「皇居」短短的一趟路程，我彷彿在咀嚼一部歷史，日比谷公園裡的松本樓，珍藏著宋慶齡使用過的鋼琴；櫻田門外有一起驚天動地的幕末事變，幕府大老井伊直弼被暗殺，成為倒幕運動及明治維新的關鍵推力。

讓我想起天皇住的地方是共同社發自巴黎的一則外電報導。旅居法國的日本紀錄片導演渡邊謙一，拍攝了一部片名為《天皇與軍隊》的紀錄片，在法德合資的ARTE電視台播出，報導認為，這部講述日本二戰前後歷史的紀錄片，「應當被視為了解日本的基準性作品」，除了獲得高度評價之外，包括芬蘭、比利時、希臘及阿拉伯半島、韓國的電視台，都紛紛表達引進該片播映的興趣。

片長一個半小時的《天皇與軍隊》，是渡邊根據美國國家檔案館等地發現的影像史料，以及現代日本的資料和訪問實錄拍攝製作而成，主題是天皇制度和放棄戰爭，內容涵蓋東京審判、新憲法的制定經過、自衛隊建立、參拜靖國神社、慰安婦等國際間關注的問題。批准東條英機發動侵略戰爭的裕仁（即昭和天皇），自然是片中的主角。

促使渡邊製作這部紀錄片的動機，來自他對安倍晉

日比谷公園表演舞台

三政府的疑問，他說：「看到防衛廳升格為防衛省，國民投票法的通過，以鼓吹愛國主義為主的教育基本法修改，這些使我想要讓歐洲人了解日本。」渡邊因此帶著對自己政府立場的疑惑來到法國，他描述天皇與日軍、自衛隊之間的關係，讓世人得以一窺戰後日本究竟。

共同社的報導提及，導演在結尾之處有兩個場景的安排很特別，其一是裕仁在一九七五年的記者會上，對美國投下原子彈的舉動一邊嘆息、一邊斷言，然後感嘆說，「這是無可奈何的」；其二是一九四七年裕仁視察廣島，當時廣島市民在原子彈爆炸紀念館前歡迎天皇的場景。

渡邊分析說：「天皇的發言顧慮了美方的歷史認識。而我在片中想表達的是，在美軍佔領下，為確保象徵天皇制度的憲法第一條，才有否定軍國主義、放棄戰爭的第九條。」

對照渡邊所敘述的背景，裕仁在一九四六年元旦發布人間宣言，否定天皇的神聖地位，承認自己與平民百姓一樣也是人，不是神；一九四七年日本通過新憲法，使天皇從從最高統治者變為國家象徵，統治權歸人民所有，實施立憲民主。一九七五年，裕仁首度以天皇身分訪問外國，對象正是在廣島、長崎投下原子彈的美國。

裕仁對戰爭的責任與態度，始終是一個爭議不休的問題。兩年前，曾擔任天皇侍從的已故學者小倉庫次，於日記中披露天皇在二戰期間的談話，顯示他對發動戰爭充滿悔意，譬如一九四〇年十月十二日，裕仁談到侵華戰爭說：「中國意想不到的強大。大家對戰爭的預測都錯了，尤其是那些本身是專家的軍人。」

裕仁曾對滿洲事變（九一八事變）坦言「飽嘗痛苦」，也認為日本錯估形勢、低估中國，應該儘早「結束戰事」，並在未來十年充實國力才聰明。然而戰爭一發不可收拾，裕仁對曾和日本簽訂中立協定的蘇聯是否投入戰爭，感到忐忑不安，擔心蘇聯助中國一臂之力，他說：「我不想和中國開戰，因為我實在害怕蘇聯的軍力。」

經由《文藝春秋》的刊載，這些不曾公開的史料，呈現在位最久的日本天皇懊悔糾葛的一面。這似乎也頗能印證前宮內廳長官富田朝彥遺物的記載，裕仁因為對靖國神社合祀甲級戰犯的不悅，決定停止參拜。一九八九年裕仁逝世，他在離開人間的前一年，明確地對合祀問題表態反對，他向富田說：「從那之後我就不再去參拜，這就是我的本心。」

渡邊的《天皇與軍隊》在法國獲得不少回響，讚許這部紀錄片的法國媒體說，「該片有助於人們理解戰後歷史進程和日本陷入死胡同的癥結。」我想，走出神壇、落入人間的裕仁，應該也已意識到如果沒有悔恨、不知救贖，他的子民終將世代糾纏在二戰的陰影中。

後記：天皇的戰爭責任

如果不是麥克阿瑟，日本天皇制度是否能保存至今，不無疑問。二次戰後，當中國、英國及蘇聯等各國都主張將裕仁列為頭號戰犯，進行公審處決之際，負責接管日本的盟軍統帥麥克阿瑟，卻因憂心此舉將摧毀日本國民信仰，造成全國騷動與暴亂而不利於美國利益，主張放棄對天皇戰爭責任的追究。

麥帥考慮的是，美國必須在遠東地區扶植一個能對抗共產黨政權的冷戰盟友，而戰敗的日本是不二人選；況且，維繫天皇制度能凝聚日本保守的反共勢力，最後的現實問題是，逮捕及處決天皇必須付出增援一百萬作戰部隊的代價。但即使如此，戰後對天皇究責的聲音不曾間斷，諾貝爾文學獎得主大江健三郎即是代表性人物。

重返憂慮的前線

冬季的海浪波濤洶湧，我獨坐在渡輪側翼的靠椅上，望著深邃無邊的太平洋，兩旁有迎風疾飛的成群海鳥，從離開宮古島之後就一路相伴，時而貼著海面，時而乘風盤旋，彷彿在為南島來的旅人送別。

這已是二〇〇五年元月的往事了，如果不是因為民主黨幹事長小澤一郎的談話，我也不會想起那次的採訪工作。在去年歲末與社民黨、國民新黨等執政聯盟黨鞭的忘年會上，小澤對沖繩美軍普天間基地的遷移問題發表看法，他說，假如不讓美軍基地遷入沖繩本島的名護市邊野古灣，何不考慮宮古島市的下地島？

面積僅九・五四平方公里的下地島，緊臨有七千多人居住的伊良部島，是個不折不扣的彈丸之地，全年平均溫度二十三度，屬亞熱帶海洋氣候。前往下地島，必須從宮古島的平良港出發，搭乘每天固定航行的船班，抵達伊良部島的玄關——佐良濱港，然後再開車越過學校、農場和市公所之後，即可看見門禁管制的機場。

那年過完新年假期，我自東京羽田啟程，展開琉球群島的調查採訪，從那霸、宮古、石垣到與那國。看似不起眼的下地島，由於中共漢級潛艦穿越宮古和石垣間海域的偵測行動，以及日本首相小泉純一郎與美國總統布希在聯合國的會談，受到外界的高度關注。根據媒體披露，小泉與布希曾對美軍是否進駐下地島的問題交換意見。

下地島雖然是我跳島之旅的核心，但嚴格地說，那也不過是一座民航訓練機場而已。不過，三千公尺長、六十公尺寬的跑道，卻是琉球群島中唯一一條可以讓滿掛武器的F-15C型戰鬥機安全起降的機場跑道。那時我站在跑道盡頭，凝視天空中呼嘯而過的A320空中巴士，想像前兩天在沖繩本島目擊的畫面。

一個是有戰鬥機群、空中預警機起落的美軍嘉手納基地；另一個就是位在宜野灣市的普天間基地，美國海軍陸戰隊駐日的大本營，也是首相鳩山由紀夫在去年七月大選前信誓旦旦，保證要遷往沖繩縣外的燙手山芋。

除了取代日美雙方先前協議的遷移地邊野古灣，以確保美麗海岸不至於受到汙染破壞之外，下地島得天獨厚的戰略位置，應該是鳩山政府相中該地的主因。冷戰終結後，日本的防衛戰略重心已往西南移動，下地島位於琉球群島中間點，距離那霸的嘉手納三百公里、日中爭議的釣魚台一八〇公里，戰機起飛半個鐘頭後可抵四五〇公里外的台灣本島上空，等於是緊扼第一島鏈的咽喉。

多年前，美國智庫藍德公司的研究報告，主張美軍應將下地島作為東亞安保的新據點，建議美日兩軍進駐，以因應台海危機。當時的倡議內容曾引來中國大陸傳媒的批判，以「美國阻撓中國統一的上選之地」、「美軍要在中國門前楔下釘子」等措詞，質疑美方的動機。

然而，下地島儘管地狹人稀，卻也和沖繩其他地方相同，對美軍使用甚至進駐存有疑慮。那次我訪問合併前（市町村合併尚在進行中）的平良市市長伊志嶺亮，這位在台灣就讀過師大附中的日籍老校友說：「一九七一年設置機場之初，當時琉球政府與中央簽署的契約就確認，下地島的開發不能作為軍事用途！」

但說歸說，下地島居民賴以維繫的經濟收入，除了甘蔗之外，就只有因機場設置而帶來的航空器燃料讓與稅，可是隨著民航訓練大量電腦化，逐步採用飛行模擬機，使得機場使用率下滑，地方稅收相對銳減。如何避免機場閒置、增加開源，終究是居民和政府不得不面對的現實難題。

現在伊良部町已和平良市合併，下地島的命運依舊懸而未決，不過，隨著小澤重提此議，沉寂多時的「安保新要塞」之說勢必再起。身為鳩山政權的幕後操盤手，小澤即使是拋出風向球，也必然是受到各方的關切，相較於在普天間基地搬遷問題上舉棋不定的鳩山，深諳圍棋之道的小澤，這一手下得真是時候。

其實，小澤還建議另一個遷移地點是距離沖繩本島西北海岸約九公里的伊江島，那裡有

美軍喬治華盛頓號航母艦上演訓實況。
（圖片提供：吳明杰）

長約一千六百公尺的跑道和美軍陸戰隊的訓練設施，但軍事重要性不如下地島，比較像是小澤的煙幕彈。防衛省去年十月曾派員評估下地、伊江兩島，鳩山的心腹、內閣官房長官平野博文，則計畫在本月實地走訪。

徘徊在「軍民共用化」叉路的下地島，被關心沖繩問題的作家形容是「日本憂鬱的前線」，如今，國境之島再度成為日美同盟的焦點，而且鳩山還言明五月以前做出結論的最後時限，倒數計時在即，「憂鬱」已然成真。

後記：從東京來的女孩

二〇一〇年十二月，日本自衛隊在美國第七艦隊的配合下，計畫動員陸海空立體打擊力量演練「奪回離島」，這是二戰之後，日美首次以中國為假想敵的實兵軍事演習。所謂離島，當然包括沖繩大大小小的島嶼，如日中最敏感的釣魚台、日韓爭議的竹島，以及我曾造訪的下地島。

《讀賣新聞》一則獨家報導，引發國際輿論的關切，我在眾多探討日本西南諸島防衛問題的報導、評論中，想起曾在與那國島遇見的東京女孩，我問那個叫「菅野」的女孩，為什麼要從遙遠的大都會跑到這座小島上？菅野說，因為東京太忙碌，人際又疏離，她喜歡島嶼的純樸自然。

不知道菅野是否還在國境之西，如果在的話，她還喜歡那兒的生活嗎？

兩條美人魚救沖繩

二〇〇七年六月廿一日，兩條儒艮（Dugong）現身沖繩名護市大浦灣，當地電視台派出直升機進行拍攝採訪，記者在空中俯瞰海面，目睹牠們在大海並肩優游的美麗身影，雀躍之情溢於言表，講到激動之處，彷彿和家人重逢般熱絡。

透過現場直播，沖繩人既興奮又開心，古老神話裡的美人魚，再度回到沖繩海邊，有如一則大自然向島嶼傳達的幸福信息，鼓舞了長期被壓抑而苦悶的人心。那一年七月七日在「Live Earth」氣候危機全球演唱會上，知名的沖繩女歌手Cocco（本名真喜志智子）演唱創作歌曲〈看得見儒艮的山丘〉，以歌聲獻給傳說中的人魚。

形似海牛的儒艮，尾鰭呈現像海豚一樣的Y型尾，突出嘴外的獠牙宛若大象的遠親。由於幼小儒艮都是吸吮母親乳汁，加上雌性胸鰭旁長著一對乳房，躍出水面時，竟有若婦人樣，這種長相奇特的海洋哺乳動物，遂成了文人墨客筆下的美人魚。

因為人類的濫捕殺戮，儒艮已被國際間列為瀕臨滅絕的保護物種，而沖繩名護市附近海域則是全球最北端的儒艮棲息地。沖繩人將那兩條儒艮當作老友，不是沒有原因的。二〇〇三年八月廿七日，當牠們出現在大浦灣引起騷動時，沖繩媒體就曾出動SNG車追蹤報導，相隔四年，兩條美人魚宛若夫唱婦隨再現蹤影，沖繩民眾視此為吉祥之兆，敞開雙臂、熱烈歡迎。

保護儒艮，其實也是保護沖繩。從美軍普天間基地計畫搬遷至名護市施瓦布軍營區以來，反對派始終都以擔憂儒艮生存環境遭破壞為由，今年四月中旬，以「保護儒艮」為名的東京環保組織，向防衛省等部門遞交請願書，希望政府遵守國際自然保護協會於二〇〇八年發出有關保護儒艮的協議，不要在沖繩沿海展開影響儒艮棲息地的建設工程。

沖繩人不僅要將普天間機場趕出繁華市區，也反對遷移至沖繩縣內，結合人魚傳說的保護儒艮行動，無疑是非常有力的訴求。出身那霸的女詩人歌手Cocco，在〇七年那場夏天演唱會對創作初衷的描述，就是最好的例子。

崇尚自然的纖細女孩這麼說著，在那一座看得見美麗人魚的山丘上，美軍打算要蓋一座給直升機使用的機場，雖然沖繩人再三反對，但日本政府卻執意配合興建。直到沖繩人用公民投票表達反對意見之後，美軍機場的工程才停止施工。然後，消失多時的儒艮竟然在二〇〇七年六月回到大浦灣，讓沖繩人開心不已。

Cocco為美人魚回家寫下了一首歌，而且是限定在沖繩發行的單曲，她說：「我不是政治家，是個歌手，好像不能捍衛什麼，所以只能唱歌！」Cocco的歌聲，感動了無數人，包括電影《橫山家之味》導演是枝裕和。〈看得見儒艮的山丘〉很快地席捲沖繩，躍居銷售排行榜冠軍，當年十一月終於在全國發行。是枝裕和就是在此時受到感動，並且決定為她拍攝紀錄片。

是枝說：「看過那年夏天現場演唱的影像之後，我就有拍攝這部片子的念頭，她如此投入的演唱，只為了兩條儒艮，這讓我感動萬分，希望能將那份感受的心情回饋給對方，而我可以做就是為她拍攝紀錄片。」〇八年十二月，記錄Cocco巡迴演出及故鄉生活的紀錄片《但願你還好：Cocco永無止盡的旅程》舉行首映，人們將跟著Cocco的歌聲、影片的腳步，陸續造訪青森的核燃料再處理工廠、廣島的原爆紀念館、沖繩的姬百合塔……。

五月十六日，在細雨霏霏的沖繩宜野灣市，反對派再度動員超過一萬五千人的群眾，以手牽手的人牆包圍普天間機場。報導指出，這是普天間基地自二〇〇五年以來第五次被包圍，今年四月廿五日沖繩縣曾舉辦一場聚集約近十萬人的縣民大會，要求將機場搬遷至縣外。包圍行動再次傳達了沖繩居民堅決反對縣內搬遷的意志。

我突然想起只喜歡唱歌、不喜歡穿鞋、家中沒電視也沒電話的音樂才女Cocco，她曾經在人氣鼎盛之際毫無預警的宣布退隱，然後又像傳說的美人魚一樣重返歌壇。普天間機場外的包圍，一定有很多人是受到Cocco歌聲的感召，為了美麗的家園，為了看得見儒艮的山丘，勇敢地站出來，佇立在夏日雨中，堅定地表達他們的心聲。

你聽過那首溫柔而堅毅的歌曲嗎？Cocco在歌詠沖繩的碧海藍天和珊瑚之美外，也不忘儒艮帶給沖繩人的激勵，歌詞最後寫道：「希望你能笑容永駐，那麼驅使明日造訪所有值得守護之物的一切，都將會是正確而且溫柔的。」兩條美人魚，一股堅定的保護信念，多麼美麗溫柔的力量啊！

後記：台灣的白海豚在哪？

二〇一〇年五月二十八日，美國和日本決定遵循二〇〇六年簽訂協定，仍繼續在沖繩基地進行重兵安置，引起沖繩居民強大反彈，不同意遷移方案的社民黨黨魁兼消費者行政擔當大臣福島瑞穗還被罷免，引發執政聯盟分裂。六月二日曾允諾普天間基地移出沖繩的首相鳩山由紀夫宣布辭職，震撼日本政壇。

接任的菅直人內閣打算在基地遷移的名護市另設人工港灣，試圖在儒艮保護與美方壓力下，尋求平衡。同一時間的台灣，也因總投資金額四千億元的國光石化案（八輕），面臨產業政策與生態保育戰役，包括前中研院院長李遠哲等一千二百多名藝文界人士連署，就健康風險、海岸地形、白海豚生存、溫室氣體等理由，反對興建八輕。

丹羽宇一郎看中國

「民也好、官也好，追究這些並無助於外交。現在日本國難當前，卻沒有危機感，而這個職務是要為國獻身的工作。」新任駐中國大使丹羽宇一郎上個月被媒體詢及新職，對於執政黨排除官僚從民間覓才，他卻推崇官僚的反差現象，做了這樣的回答。

對七十一歲的丹羽宇一郎而言，人生固然七十才開始，但也到了必須和時間賽跑的階段，此時爭論民間和官僚孰優孰劣，其實是無濟於事，畢竟他看日本盤根錯節的經濟問題，心中充滿想要盡快解決的迫切感，那是早在民間商社任職時就已存在的念頭。

六月十五日的內閣會議上，民主黨政府宣布了一項震撼日本外交界的人事任命，由伊藤忠商事董事顧問丹羽宇一郎出任駐華大使、野村證券董事兼副會長戶田博史出任駐希臘大使，這是日本政府首次起用民間人士出任特命全權大使，一改過去由外務省資深職業外交官出任的傳統慣例。

延攬丹羽的舉動尤其讓外務省的「中國幫」感到震驚，這是民主黨政權「打破官僚體制」的理念實踐，而由經濟專家出任高經濟成長的中國大使，無疑也更是重要指標。關於丹羽人事的推手，有一說直指外相岡田克也，因為民主黨始終要將「官僚主導」修正為「政治主導」，駐外人事遂成了外務省政治改革的第一步。

但也有內幕透露，鳩山由紀夫下台前和即將接任首相的菅直人談妥此人事，原因是鳩山本來就想找一位與中國有合作關係，但又熟悉日本政治經濟的專家擔任駐華大使，他在卸任前一天與菅直人共同敲定，隨後菅在首次的首相官邸記者會上吐露口風，「最近我訪問中國，看到在那裡的日本企業，正在為歐美企業打工，很是感傷。」

「感傷」的菅直人找來日本七大貿易公司之一的伊藤忠商事經營者，一九六二年進公司的丹羽，從負責農作物研究的基層做起，然後課長、部長到一九九八年升任社長，當時的伊藤忠商事虧損連連，三年後即創造超越公司史上紀錄的驚人業績，轉虧為盈。但六年社長一任滿，他立刻兌現承諾，轉任會長、退居第二線。

丹羽是愛知縣名古屋人，祖父經營的「正進堂」是他所居住市街裡唯一的書店，丹羽因此自幼就被稱為「書店的小孩」，養成他日後手不釋卷的習慣，直到進入伊藤忠商事，丹羽還為自己設定每年讀一百五十本書的目標。他非常喜歡閱讀，將讀書與吃飯、刷牙洗臉並列為日常生活必做之事。丹羽甚至為此計畫把住宅搬到郊外，並且選擇電車終點站（也是始發站），因為如此一來，電車從始發站一上車，就能安心讀書。

熱愛閱讀的丹羽說，讀書有助於促進思考，不讀書的人難以成為經營者。他因而在公司內部開辦培訓幹部的「經營塾」，以及類似讀書會的「青山俱樂部」。此外，丹羽雖然是商社領導，卻是一個喜歡逛街走路的企業人，不僅婉拒公司派給他座車，也經常坐電車、走路上下班，和同事一起吃吉野家便當，然後一頭鑽入古書攤聚集的神田。

丹羽在名古屋大學法學部就讀時，曾是反對日美安保條約的學運指揮，這讓他和一些民主黨的領導高層有著親左派的相仿經歷，思維也不會相去太遠。有媒體評價指出，與日本其他商社相比，伊藤忠商事比較沒有財閥包袱，有點像民間武士集團，至於性格果斷的丹羽宇一郎，則是那個極具武士道精神的大將。

伊藤忠商事是對中國大陸投資最多的日本商社，丹羽在七月的《文藝春秋》發表對中國經濟的看法，他認為，中國今年的GDP將突破五兆美元，超越日本成為世界第二位，或許到二〇二〇年將達到十兆美元，那時日本GDP才到五兆美元，換言之，十年後，比日本經濟規模約兩倍大的市場，將隔海出現！

丹羽擔任過自民黨安倍、福田內閣的財政諮詢顧問，也熟悉日中貿易且大陸人脈豐沛。對於日中關係，丹羽說，有看法稱，「中國發展了、日本將沉沒」，令他感到無法理解，反倒是利用中國經濟發展，日本才能再次成為經濟大國。

這像不像幕府末年的美國黑船來襲？儘管有很多人不看好民主黨政權，或是新任駐華大使的政治判斷，但依舊要勇敢地打開鎖國時代，迎向另一個世界市場的來臨。丹羽曾強調，「在全球化的潮流中，我們不能安於躲在美國的保護傘下，時代已經發生轉變，現在已經不是和美國處好關係，就萬事OK的時代了。」

日本恢復的根本在中國，而時代轉變的起點在美國。不知道那個醉心閱讀的書店囝仔，或者飽學經綸的讀書老人，是否曾預見未來十年、二十年的世界趨勢呢？

後記：箝制日幣的經濟巨龍

「我不知道中國到底用意何在。」二〇一〇年九月中旬，日本財政大臣野田佳彥對中國近年狂買日本國債的強烈動作，感到不耐與不安。根據日本政府公布，光是一〇年上半年，中國就買了二七〇億美元的日本國債，是過去五年的六倍之多。

中國政府以分散投資風險為由，將部分美債改為日債，但狂買日債的動作，讓國際熱錢跟進大炒日圓，日圓兌美元一度升破十五年來新高，逼得日本央行六年來首度進場阻升，試圖為哀鴻遍野的日本出口商止血。

中國政府近年不但取代日本成為全球最大的外匯存底國家，也是日本第二大債權國（僅次於英國），中國狂買日債，猶如控制住日幣咽喉，讓疲於應付的財政官員氣急敗壞，這將是丹羽大使艱鉅的經濟課題。

輯三 窺看大和魂——社會文化

要向左轉了嗎？

「這是台灣民主的悲哀，也是台灣歷史的悲哀。」在東京大學駒場校區旁的咖啡廳，對於我提出「你怎麼看扁案」的問題，他如此微笑以對。從一九八〇年代前往台灣適逢林宅血案發生以來，東大教養部教授若林正丈不僅是日本少數研究台灣的權威專家，也被視為是對台灣相當友好的日本學者。

初識若林教授時，他剛提出「中華民國第二共和」的概念不久，對於李登輝主政下推動多次修憲後的「中華民國台灣化」，有深入的論述。一九九三年入冬，我在南部巡迴縣市長選舉採訪，若林偕同哈佛大學教授等國際學者組成的觀選團抵達嘉義，銜命負責地陪的我，成為他們一行人初次體驗台灣三溫暖的嚮導。

此後，在台北、東京多次重逢，若林正丈關注台灣問題的腳步未曾間歇。今年春天，若林與我談起台灣研究，卻難掩曲終人散之嘆：「我發覺台灣問題的研究已經做得差不多，該換年輕人接棒了。」從一九七三年首度訪台，一路走來，看盡黨外崛起、威權轉型、政黨輪替及兩岸關係的演變，寫下《「去內戰化」的政治》、《分裂國家與民主化》等多本與台灣相關的重要著作，這位台灣通卻向我興起揮別縱橫卅年的南國研究之念。

「如何治療新自由主義所帶來的傷痕，將是冷戰解體後，全世界民主國家所共同面臨的課題」，若林正丈描述的是著名經濟學家、慶應大學教授竹中平藏，對新自由主義思潮的反省。他的開場頗吸引人，沒有急著談論自己在長野《信濃每日新聞》評論馬政權是「外優內憂」的近作，反倒是關切日本未來在政策方向、意識形態上亟需展開的一場大辯論。「這好比是馬克思成了顯學，而世界開始向左轉」，我直覺式的回應他。

若林口中的竹中平藏，曾出任小泉內閣時期主管宏觀經濟運作及改革的財政大臣，並兼任金融、郵政民營化及總務等大臣，他是小泉構造改革的總設計師（或經改沙皇）、新自由主義學派理論的代言人。若林說，新自由主義將日本社會的經濟隔差擴大了，那種經濟政策主導下的自由市場是「資本家自由」，不是勞工自由。為了佐證自己的觀察，若林舉人力派遣崩解的社會現象，藉以說明新自由主義對日本造成的裂痕。

安田講堂（東大鐘樓）。

「派遣人員」是日本各大企業視為節省成本的最佳人力資源，冷戰終結後，拜全球化的影響，以及考量和中國廉價勞工的競爭，無須給予社會保障，大幅削減勞動成本的派遣制度，成為大企業的最愛。若林說，人力派遣業減弱工會的力量，淪為保護大公司的棋子。但諷刺的是，在全球金融海嘯的衝擊下，派遣人員卻成了企業率先裁員的目標，包括豐田、日產、本田等汽車業龍頭，松下、新力及NEC等知名電子集團，相繼宣布大規模裁員，並且不約而同地對約聘員工開刀。根據調查預估，日本製造業至三月底將會有四十萬名非正式員工，面臨失業命運。

若林以兩本暢銷書指出當前社會思潮的轉變，一是已故左翼作家小林多喜二的《蟹工船》，再度引起熱烈討論。這本書描寫的是一群被騙到船上參加捕蟹和製造罐頭的工農群眾，在監工迫害與非人道的勞動過程中覺醒，進而起身抗爭卻遭到無情鎮壓、最終以失敗收場的血淚故事。另一是東京大學畢業卻投入社會運動的湯淺誠新作《反貧困》，他分析貧困問題讓日本社會像溜滑梯一樣，成為影響各政黨政策的熱門書。

無產階級文學的熱賣，像是對美國老大哥跌跤後的社會省思，若林還提及行動電話導致傳統社會基礎消失的問題，他說，人手一機、無所不在的通訊方式，將產生截然不同的人際關係。在禁止手機通話的日本電車上，無論男女老幼莫不專注地收發簡訊，那種埋首大哥大的畫面已取代過去日本最為人稱道的閱讀書報。「這是新的文明課題」，若林認為，人與人直接溝通的信任或互助倘若被改變，取而代之的是陌生、疏離乃至欺騙、犯罪，他擔心會造成一種惡性循環。

「二〇一〇年代的大討論將是分配問題」，若林說，現在政府幾乎沒有什麼政治功能，缺少令人鼓舞的意識形態，市民團體更是弱化，這也是東京街頭不太有激情的原因，他期待能從新自由主義的反省中找到新生力量。其實，我的擔憂更勝於若林，因為台灣社會還沒開始認真思考這些問題，就像桌上那杯被遺忘的咖啡，驀然回首，才發現熱度已退，甘醇不再。

後記：東大駒場的咖啡

我熟悉的東京大學有兩個校區，一是本鄉，另一是駒場。漫畫家川口開治以安保鬥爭為背景的《革命情迷》，故事中描述學運分子聚集抗爭的安田講堂，就是位在本鄉。但，我比較喜歡素樸寧靜的駒場校區，給人感覺很舒服，不像本鄉校區和周圍市街那麼現代感、都市化。

與若林教授重逢是在校園外一家咖啡店，我點了一杯曼特寧，若林老師反倒喝起清茶。他曾感慨在日本研究台灣問題是少數，那天談興依舊在，惟多了幾許滄桑，彷彿見證台灣民主化，此生已了無遺憾。二〇一〇年春天，若林老師從東大退休，轉往早稻田大學任教。那杯駒場咖啡，已成記憶。

魚河岸別說再見

「看到最近東京馬拉松的激動場面，以及在世界經典棒球賽（WBC）取得冠軍的盛況，真為自己國家選手透過激烈角逐獲勝而感到萬分高興。」東京都知事石原慎太郎在四月間寫給市民的一封公開信裡，這麼寫道：「難道我們不想再一次在東京體驗這種無法形容的快樂和興奮嗎？我想這對孩子們來說，將是無法言喻的心靈財富！」

石原說的是東京爭取主辦二〇一六年奧運一事，他刻意在國際奧會（IOC）中辦城市評審委員一行人訪日之前，向迄今還有二成多抱持反對態度的市民做感性訴求。從三月份萬人空巷的「東京馬拉松」談起，作家出身的石原慎太郎，以一種情感包裝的軟筆調，來行銷東京申奧的企圖心。

東京馬拉松是全球跑者注目的盛會，今年吸引多達三萬五千人參加。石原描述他目睹選手竭盡所能跑到終點後的感受說：「在更衣場所設置的入浴設施內，大家一邊暖著腳，一邊流下熱汗，這真是一個暖人心扉的場景。我想人的一生中能夠體會到這種成就感，將會在自己今後的人生道路上變成巨大的活力。」

這是小說家擅長的手法，有其高明巧妙的布局。《讀賣新聞》在今年二月所做一份日本民眾對運動看法的民調中，馬拉松受歡迎的程度僅次於職棒，石原顯然抓住要訣，試圖藉由深入人心的馬拉松，凝聚市民對爭取奧運主辦權的向心力。無怪乎十九日剛結束在東京實地考察的ＩＯＣ評審團直言，感受到石原知事帶領東京都申辦奧運的「強大意志」。

二〇一六年奧運確定完成申辦作業的城市有四個，日本東京、美國芝加哥、西班牙馬德里、巴西里約熱內盧，分別代表亞洲、北美、歐洲及南美。評審委員離開後，東京就像是甫完成入學初試的學生，即將準備六月在瑞士洛桑召開的「複試」，以及預定十月二日在丹麥哥本哈根舉行的投票大會，屆時將決定誰是七年後奧運這個「國力伸展台」的主角。

東京曾主辦過一九六四年夏季奧運，後來還有一九七二年札幌、一九九八年長野兩項冬季奧運，但日本人明瞭東京奧運才是里程碑，因為那是亞洲國家第一個舉辦奧運的紀錄，也是太陽國從戰敗廢墟中升起來的指標。六年後，以「人類的進步和協調」為主題的大阪萬國博覽會登場，超過六千四百萬人次的參觀數字，既標誌著日本國家的現代化，也為日本開啟重返國際社會之門。

現在看二〇〇八北京奧運、二〇一〇上海世博，多麼像是四十五年前的東京奧運和一九七〇年大阪萬博的翻版。當東京再度爭取申辦奧運時，我想起日、中兩國互爭亞洲龍頭的微妙心結，目睹北京與上海的接棒，向世人展現中國崛起的姿態，作為經濟大國的日本，是否也希望透過奧運的榮耀讓自身國力升級呢？

二〇〇六年十月，我曾帶著這樣的疑惑，在東京都廳採訪負責申奧宣傳事宜的廣報課。當時東京剛在八月底擊敗福岡，取得國內候選城市的代表權，廣報人員說得口沫橫飛，但唯一引起我關注的是將築地市場遷離東京都中心，然後將原址規劃為奧運媒體中心的計畫。

申辦奧運是石原尋求連任的政見，他以原址「狹窄、危險、不乾淨」為由，打算在二〇一二年前拆除，將築地市場遷往數公里之外的海灣新發展區豊洲。我因為曾在朝日新聞研修的緣故，對緊臨東京總社、俗稱「魚河岸」的築地市場印象深刻，尤其「場外市場」物美價廉的烹調料理，更是堪稱人間美味。

築地市場場外市場。

佔地廿三公頃、擁有超過七十年歷史的築地市場，不只是東京中央廚房，也是全球許多高級餐廳的海鮮採購地，「魚河岸」要搬家對我來說簡直是青天霹靂。不過，築地市場卻尚有一線生機，由於新址豊洲還有東京煤氣公司殘留的痕跡，土地遭致命化學物如鉛、氰、苯及砒霜汙染，雖然政府承諾要進行土壤更換，但當地多數魚販無法認同，咸認此舉是摧毀日本壽司文化的品牌，表明絕不遷出的決心。

老天保佑，東京申奧委員會在去年十一月中旬宣布，決定將媒體中心場館由築地市場改為東京國際會展中心，理由是「通過對北京奧運的實地考察」後，期望因此獲得IOC的高度評價。我很樂見這個轉變，東京究竟從北京汲取了什麼經驗，我無從得知，但至少「魚河岸」暫時不會消失，而我最愛的海膽、鮭魚卵和鮪魚生魚片三合一蓋飯，也應該還不會說再見。

後記：築地魚河岸三代目

築地市場是日本最大的海鮮批發及零售市場，又稱「魚河岸」，分為場內交易與場外市場兩個區，後者是以圍繞場內市場四周而成的商店街，新鮮且道地的壽司、生魚片料理，在這裡俯拾皆是。漫畫《築地魚河岸三代目》（東立出版），就是以此地為背景，故事饒富人生況味，尤其每集皆推薦一道日本海鮮美食及作法，不僅令人垂涎三尺，也躍躍欲試。

至於石原慎太郎的申奧之夢最終破滅，二〇一六年奧運主辦權花落巴西的里約熱內盧，但已經七十七歲高齡的石原並不氣餒，他宣示仍將繼續申辦二〇二〇年奧運。不過，火爆脾氣的石原在申奧失敗後，暗指奧運申辦背後「存在一股看不見的政治力量」的發言，卻可能得罪國際奧委會，不利於日後的捲土重來。

菊花與劍的民族

從千代田區九段下地鐵站出來，往上坡方向前進，就可以看見高聳的「第一鳥居」，每年初春櫻花盛開時節，這裡總是遊客如織。二〇〇四、〇五年交替之間，我曾數度造訪此地，走過兩排林立的石燈籠，穿越有十六瓣花紋的菊之門，然後在拜殿前駐足、沉思。

二〇〇九年四月廿一日，即將啟程赴中國訪問的日本首相麻生太郎，以自費方式在春季祭祀活動中向靖國神社敬獻供品，中國外交部發言人姜瑜對此輕描淡寫地說，「靖國神社是中日關係中重大政治敏感問題」，要求日方慎重處理。由於麻生預定廿九日訪中，並和國務院總理溫家寶、國家主席胡錦濤先後舉行會談，因此北京反應顯得相當克制，以避免中日峰會橫生枝節。

國際政治向來是務實的，北京不再直接批判，顯示中方對於日本首相「以敬獻代替參拜」的作法已有一定程度的理解，而日方似乎也找到可以讓中國接受的處理模式。在共同克服影響兩國關係的「政治障礙」上，雙方所獲致的共識，代表彼此的確實踐了自安倍內閣以來所倡議的「戰略互惠」路線，一種基於共同戰略利益的互惠關係。

三年前，安倍的首席外交智囊、慶應義塾大學教授小島朋之曾為文指出，日中關係的共同戰略利益包括朝鮮半島非核化、聯合國安全理事會改革、東亞區域合作及日韓中的協調強化。三年後，北韓的核武危機更甚以往，日本爭取聯合國入常之路依舊艱辛，東亞共同體的催生猶有待努力，這使得今夏輪由中方舉辦的中韓日首腦會談，更積極地展開籌備事宜，極可能趕在中共建國六十周年系列活動之前，選擇在溫家寶的故鄉天津登場。

距離日中關係最緊繃的小泉時代也不過數載光陰，日中雙方卻已出現明顯的變化，而且改變之大，幾乎讓人忘了靖國神社曾經對雙方帶來的深遠影響。

二〇〇一年八月十三日，小泉純一郎以首相身分第一次參拜靖國神社，翌日有一個名叫「馮錦華」的中國人，跑到靖國神社門前的石犬底座上用噴漆噴寫「該死」兩個字，後旋遭日方逮捕並以「器物損壞罪」判處徒刑十個月、緩刑三年。二〇〇五年三月，四川成都爆發反對參拜靖國神社的群眾聚會，激烈的抗議集會延燒到深圳、廣州、上海、北京，進而引發大規模的反日情緒與群眾抗爭。

我也是在那樣的氛圍下再度走訪靖國神社，並且因為當天午後的悠閒腳步，得以好整以暇地觀察，從一群日漸凋零的老兵身上，彷彿看見神門菊花不再金碧輝煌，東洋之劍不再銳利逼人。

假日的靖國神社，除了每個月定期前來擺攤的骨董市集之外，最引人側目的就屬那三、五成群的日本歐吉桑，他們頭戴軍帽、身著軍服，皆是二次大戰的皇軍打扮，而且陸海空三軍一應俱全。看著白髮人踢正步、行軍禮的模樣，不會有時光倒流的錯覺，反倒為老者至今仍沉湎舊時美好記憶而感到莫名悲哀，我甚至因此聯想起台灣龍山寺的老人們。

原稱「東京招魂社」的靖國神社，即將於今年八月屆滿一百四十年，但誰也料想不到，這個當初取自《左傳》僖公二十三年「吾以靖國也」（意思為使國家安定）而更名的神社，如今卻成為影響日中近代關係的指標之一。一九七八年神社宮司松平永芳（戰敗時期宮內大臣松平慶民的長子）把東條英機等十四名甲級戰犯列入靖國神社合祭，此後，不滿供奉甲級戰犯的裕仁天皇，乃至現在的明仁天皇，再也沒有參拜過靖國神社。

二戰後，美國占領軍為了解日本，請人類學家露絲・潘乃德（Ruth Benedict）撰寫一本研究日本的名著《菊花與劍》（*The Chrysanthemum and the Sword*），作者藉由盛開的菊花和暴虐的長劍來描述日本民族的雙重性格，包括好戰而祥和、黷武而美好、傲慢而尚禮、呆板而善變、馴服而倔強、忠貞而叛逆、勇敢而懦弱、保守而喜新等強烈對比。潘乃德指出日本人性格裡的矛盾與醜陋之處，曾掀起日本學界的自我批評，直指日本文化就是在外來批判和內在反應下激盪而成。

小泉參拜靖國神社的舉動，曾被解讀是日本人追求「身分認同」的象徵，但獨排眾議的堅決態度，背後可能是混亂與迷惘的自我觀。安倍、麻生在滿足保守派與顧及中韓兩國立場的雙重考量下，找出「以敬獻代替參拜」之道，而且蕭規曹隨，不就是體現了「菊花與劍」的大和精神，那種看似保守實則善變的民族特性。

後記：認識日本的經典之作

一九四六年出版的《菊花與劍》，距今已經超過一甲子，縱使年代久遠，也依然被視為認識日本、了解日本的經典之作。露絲・潘乃德是一位傑出的人類學者，她透過日本的宣傳電影、集中營的日裔美國人和戰俘訪談，以及日本文學作品的資料蒐集，重新建構日本文化，成為戰後研究日本問題的代表作。

不過，《菊花與劍》起初是美國政府為了解決盟軍佔領及統治日本的問題，而委託潘乃德所進行的研究報告。潘乃德在書中分析日本的國民性格，細膩入微、一針見血，將日本人的多重矛盾性表露無遺，這本著作深刻地影響美國的接管政策，包括天皇制度的保留，更重要的是，開啟了西方研究日本的風潮。

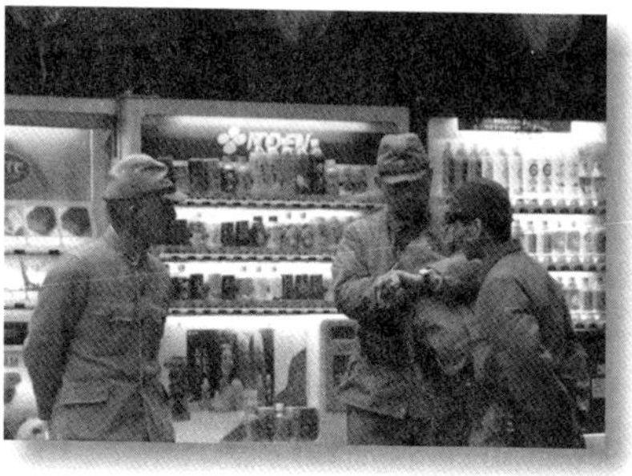

靖國神社前的日本兵。

黑木瞳的相撲記憶

日本二戰後第一位外國出身的相撲力士高見山大五郎，上個月廿四日在東京兩國國技館舉行的夏季最後一場比賽中，宣布告別他獻身四十五年的相撲界，這位因明亮性格而擁有高人氣的東關親方（即相撲師傅）說：「從沒想過能走到這一步，對我來說，相撲就像戀人一樣。」

高見山是美國夏威夷人，一九六四年他飄洋渡海來到日本，拜在第卅九代橫綱前田山英五郎主持的高砂部屋（現役橫綱朝青龍係該部屋所屬）門下，一九七二年他在名古屋賽事以十三勝二敗成為首位奪取優勝的外國人，最高位是關脇（相撲級別僅次於橫綱、大關）。高見山退役後投入作育英才的行列，而他也為日後小錦、曙太郎、武藏丸等同鄉力士，敲開進軍相撲界的大門。

已有一千五百年歷史的相撲，被視為日本國技，廿世紀初隨著日本移民進入夏威夷，日本相撲協會為向海外推廣，甚至在當地設立相撲學校，積極培養優秀的選手。在土俵大放異彩的曙太郎、武藏丸，後來相繼躍居橫綱，形成相撲界赫赫有名的「夏威夷幫」。

高見山即將在六月中旬過六十五歲的生日，他坦言此刻退休的心情是複雜的，「既鬆了一口氣，卻也感到些許寂寞」。身為外國力士的先驅者，高見山以「忍耐」和「努力」的座右銘期勉後學，當他提及自己與相撲是一對戀人時，彷彿是在總結從十九歲走入這一行以來的相撲人生。

高見山的退休告白，讓我聯想起以《失樂園》、《東京鐵塔》等電影走紅的日劇女星黑木瞳，她在寶塚劇團當學生時曾客串演出相撲劇中的力士，而模仿高見山在電視廣告中令人莞爾的台詞，就成了她們的餘興節目。

不過，這並不是黑木瞳最深刻的相撲記憶，她描述愛看電視相撲轉播的祖母，以及祖孫倆爭搶頻道的生動情節，著實讓人帶淚含笑。黑木瞳回憶，祖母習慣將一升的酒瓶往桌上放，用小杯子淺酌慢飲，然後坐在榻榻米上把腳伸長看電視轉播。隨著年紀增長，祖母身體狀況變差，兩膝因積水腫脹，無法像平常一樣走路，總是蹙著眉搓揉雙腿。

「當她喜歡的力士贏得比賽時，總讓她似乎忘了腳的疼痛。然後拿起一旁另一升酒瓶，開始飲第二壺酒。」黑木瞳在《愛的理由》一書中寫道：「對我來說，祖母當時的身影看起來真是幸福，這幅風景刻印在我的腦海裡。」

「經過了這麼多年，沒想到這幅風景裡的主角變成我，祖母在另一個世界看到這一幕一定會微笑吧！」長大之後已為人妻且育有一女的黑木瞳，同樣也愛看相撲喝日本酒，「與其說我是模仿祖母，不如說我的記憶像是帶著某種程度的強迫觀念對我發出命令，讓我在看相撲時不得不飲日本酒。」

黑木瞳覺得將來她的女兒長大，也會和她一樣成為風景的主角，而這種重複上演的景色就是生命的延續。她說：「我隱約體會到生命由記憶延續下去的可能性。記憶絕不是一個被放在過去的東西，而能讓人經驗到它介入未來的瞬間。」

我在閱讀高見山、黑木瞳的生命故事時，不禁想起自己的相撲記憶。那一年夏末秋初，我偕同宜蘭友人前往日本自助旅行，從小田原換搭箱根登山鐵道電車，原本計畫一路往強羅晃去，但後來因見天色已晚遂在半路下車，結果陰錯陽差地挑了一個叫「宮之下」的車站，並且隨性下榻一家叫「武藏」的旅社，匆匆忙忙打開電視，正巧在轉播相撲秋季賽事，最後登場的是當紅炸子雞貴乃花。

當時二十出頭的貴乃花，聲勢如日中天，他以完美的十五勝零敗奪下秋季優勝，而我則結束一天疲憊的行程，伸長雙腿看著電視轉播，在還來不及打開啤酒罐的那一刻，見證了貴乃花升級為橫綱前的一場關鍵出賽。

十年後，同行的宜蘭友人去了大阪府立體育館看春季賽，實現了他希望有生之年能在現場觀賞相撲之美的夢想。至於我，重回宮之下找尋記憶，昔日懷舊旅社已改造為六星級的豪華旅館，當年接待兩個台灣旅客的媽媽桑也還在。一種由記憶所延續的生命情懷，微妙地連結了十年來的時空轉變，如高見山的退休之言、黑木瞳的孺慕之情。

後記：土俵上的記憶

相撲是日本的國技，在直徑四點五米的土俵上，兩位力士要進行撞、擠、推、摔等格鬥技術，而勝負則往往是在電光石火之間即決定。多數人初看相撲，得從進入土俵時的撒鹽、塵、四股、蹲踞、仕切、手刀等儀式入門，那分別代表驅邪、祈福、鎮攝、專注、領賞等不同意義。

儘管繁文縟節，可賽事勝負又在轉瞬間揭曉，但日本國民依舊喜愛不已。黑木瞳對祖母熱愛相撲的記憶，其實是許多人的共同記憶，相對地，那土俵也承載世世代代的集體記憶。我很喜歡黑木瞳說的那句話：「記憶絕不是一個被放在過去的東西，而是能讓人經驗到它介入未來的瞬間。」

日本的MANGA外交

風靡全球的日本動漫《火影忍者》，最新一集的劇場版「火之意志的繼承者」，即將在八月一日於東京首映，台灣的上映時間預估是明年一月至三月。從一九九九年開始在集英社《週刊少年JUMP》連載以來，由漫畫家岸本齊史創作的《火影忍者》，已成為繼鳥山明《七龍珠》之後另一部席捲歐美的日本漫畫作品。

《七龍珠》是在周刊連載超過十年的少年漫畫，僅日本的單行本發售就有一億九千萬本，全球則賣出約三億本，創下日本漫畫銷售量最高的紀錄。直到今日，圍繞在靈魂人物孫悟空和七顆龍珠的冒險故事，隨著動畫、影視、音樂、網路、遊戲機等各項娛樂領域的開發、延伸，已遍布全球各地，歷久不衰，成為日本次文化中的代表作。

以男主角身上被封印「九尾妖狐」而展開的《火影忍者》，正循著《七龍珠》的腳步進軍世界，尤其是在網路上，為了滿足廣大的粉絲，有許多熱情的愛好者將故事翻譯成各種語言，甚至主動著色，自製動畫，讓全球的漫畫迷掀起火影熱潮。

無論是《七龍珠》的超級賽亞人或《火影忍者》的漩渦鳴人，當他們相繼從漫畫主角變身為卡通人物、走入遊戲機的時候，其實已經形成一股具有強大入侵性的文化力量，而這無疑也是一項深藏無限商機的文化產業。

事實上，日本不僅是一個漫畫大國，也出了一個「漫畫首相」。剛宣布解散眾議院進行大選的首相麻生太郎，在擔任外務大臣期間，就以推動「漫畫外交」著稱，他曾發表演講，盛讚動漫在文化外交上的力量很大，不僅深入民心，改善日本形象，就連日本政治家及官僚都無法做到的事，透過日本動漫即可成事。

麻生曾向ACG業者（動畫Animation、漫畫Comic、遊戲Game）說：「你們所做的事情，已經抓住了許多國家年輕人的心，而這是我們外務省永遠也做不到的事。」麻生認為，戰後初期，美國透過動漫外交對日本輸出，成功地贏取日本年輕一代的認同，現在的日本同樣向亞洲各地輸出動漫，以促使亞洲的年輕人喜愛日本。對漫畫情有獨鍾的麻生，為此舉了《大力水手卜派》和《哆啦A夢》兩部動漫為例，前者讓日本人看見美國人可親的一面，而後者則讓亞洲人認識日本人的友好及可愛。

麻生的「漫畫外交」不是信口開河，外務省積極推動以漫畫、動畫及音樂為主的文化外交工作，包括委任日本知名動畫主角為「動畫文化大使」、成立以年輕漫畫家為對象的「國際漫畫賞」等，這些出自麻生點子的作法，不僅有麻生個人夢想的實踐，也有日本「柔性外交」路線的推展，以消弭日本因歷史問題在中國、南韓國民心目中的惡劣印象。

二〇〇七年七月第一屆國際漫畫賞頒獎，麻生應邀致詞說：「希望藉由獲獎各位的參與，使漫畫成為連接世界的橋梁。」那一年，有來自亞洲、歐美等二十六個國家及地區的漫畫作品參選，歐美中最先引進日本動畫的法國舉辦第七屆「日本博覽會」，以動漫真人模仿秀為主題的「世界Cosplay峰會」也進入第五個年頭。日本動漫宛如燎原之火在全球燃燒，向世界各地滲透。

以法國為例，「MANGA（日語漫畫發音）」一詞不僅出現在法語之中，巴黎還出現所謂的「漫畫一條街」，法語版的日本漫畫令法國年輕人趨之若鶩，影響所及，法國人也對學習日語、日本料理、武術道等日本文化越來越感興趣。從每年發行新作多達上百部的角度來看，日本漫畫顯然已融入法國人的日常生活，他們對《名偵探柯南》的熟悉，不下於婦孺皆知的《丁丁歷險記》。

麻生曾倡議日本設置「漫畫諾貝爾獎」，成立一個二十四小時專播日本動畫的英語電視頻道，他對漫畫的著迷程度為自己贏得「麻生漫畫太郎」的外號，但現在這個「漫畫首相」的處境卻相當艱難，他對政治的判斷和對歷史常識的不足，竟被認為是沉迷漫畫所致。

然而，我並不贊成這樣的論點，即將自美國紐約學成返鄉的律師表弟，在林口長庚醫院任職的醫生堂弟，恐怕也不會同意漫畫誤己誤國之說，因為他們一個曾遠赴英倫找尋福爾摩斯的足跡，探訪柯南劇場版「貝克街的亡靈」，另一個則是看著《犬夜叉》、《幽遊白書》，進而自修日語通過檢定考試。他們都在漫畫中探索生命、發現興趣，卻不曾因漫畫而迷失。

對這兩個台灣年輕人而言，曾一路伴隨他們成長的日本漫畫，可是講上三天三夜都講不完的話題啊！

後記：動漫大師看麻生

麻生究竟有多熱愛看漫畫？他曾被目擊在羽田機場候機室翻閱少女漫畫《薔薇少女》，也曾引用《美味關係》的觀點駁斥反捕鯨運動團體。最有名的是，麻生在擔任外務大臣時，倡議日本應設置「漫畫諾貝爾獎」，為他贏得「御宅族大臣」的稱號。

致力於「漫畫外交」的麻生，在外相任內果真大力推動國際漫畫獎，並主張將東京變成漫畫世界首都。不過，對於動輒將嗜好掛在嘴邊的現象，動漫大師宮崎駿並不領情，他認為，日本也生產許多不良漫畫和電子遊戲，汙染孩子心靈，首相愛看漫畫這種事，私下聊聊自娛就好，到處宣揚反倒是日本恥辱。

一手論語一手算盤

「日本受到美國主導的『市場基本教派主義』的衝擊，人們正逐漸喪失作為人的尊嚴。」率領在野黨贏得眾議院大選的民主黨黨魁鳩山由紀夫，選前在美國主流媒體《紐約時報》撰文，批評前首相小泉純一郎執政以來的自民黨路線，就是在追隨美國，破壞區域社會。

鳩山直言，「因為伊拉克戰爭的失敗與金融危機的影響，使得由美國主導的全球化將走向終結，而世界則將迎來多極化時代。對日本而言，在中國國力日益增強之下，未來日本的國家戰略應著眼於如何在美中爭霸之間維護自身利益。」

改寫日本戰後歷史的鳩山，其實是在向美國傳遞民主黨當家後的訊息，為他籌謀劃策的是知名的國際政治及經濟學者寺島實郎，他不僅是一名「保守的自由主義者」，更被視為鳩山的頭號智囊及「外交大腦」。寺島目前擔任三井物產戰略研究所所長、多摩大學校長、日本總合研究所會長，今年八月中旬，他應邀訪台，除了在台灣大學發表演講之外，也拜會馬英九總統。

身兼數職的寺島，被認為是鳩山內閣的外相人選，他也可能在新政權計畫設立直屬首相的「國家戰略局」中擔綱要角。對於日本未來的發展路線，寺島主張，日本應該告別「市場萬能論」，學習「日本企業之父」澀澤榮一，推行「義利合一」的資本主義。

寺島認為，麻生太郎在解散眾院前談及，揮別「市場基本教派主義（market fundamentalism）」，有其令人深思之處。畢竟這是小泉政權繼承人少見的論調，也不過四年前，小泉標榜「市場萬能論」，扛著郵政民營化的改革大旗，才在眾議院大選中贏得超過三分之二的席次。

但曾幾何時，要選擇什麼樣的資本主義，卻成了世人無法迴避的課題，用最簡單的語言來說，那就是日本是否也面臨向左走的考驗？事實上，對於過度傾向市場主義帶來災難的檢討反省，已成為潮流趨勢。寺島提出「日本近代資本主義之父」澀澤榮一，這個一手拿《論語》、一手抱算盤的實業家，才是將來日本能否振衰起敝的關鍵。

澀澤榮一從小熟讀四書五經，深受儒家文化的影響，二十七歲那年，以參加萬國博覽會使節團為名，跟著到巴黎學習歐洲資本主義，讓他在返國後的明治維新運動中一展長才。曾任大藏省大臣的澀澤，後來棄官從商，創設日本最早的銀行「第一國立銀行」，有東京海上保險會社、東京煤氣、清水建設、京阪電氣鐵道、帝國飯店、札幌啤酒、東洋紡織、共同運輸等五百家企業獲得其援助。

澀澤努力將現代企業的經營建立在「算盤和論語」之上，在他看來，「論語有算盤之理，而算盤有致富之道」，他以自身經驗為例，認為論語講「義」、算盤講「利」，義與利兩者相互依存、並行不悖。日本企業的終身就業制、年功序列制、以和為貴、中庸之道，乃至「君君、臣臣、父父、子子」等經營文化，這些獨特的日式產業倫理，無一不是源自澀澤榮一的創見。

寺島說，人類的本性中有追求私利的力量，也有關愛他人的力量，資本主義社會應該著手解決自由市場體系的缺陷，比如貧富差距等問題。企業經營的目的不能僅局限於利潤，還得評價其創造了什麼樣的社會價值。

「我覺得在談論企業經營管理的社會責任問題的歷史人物中，沒有碰到過比澀澤榮一更勝一籌的人，他比誰都更早發現，經營管理的本質就是責任。」寺島引用已故管理學大師彼得・杜拉克（Peter F. Drucker）對澀澤的評價，他說，為了讓資本主義有節制地發揮功能，「我們必須思考價值創造和分配的思想核心」。

寺島還說，比爾・蓋茲講的「創新資本主義」，並不是新鮮的話題，澀澤榮一老早就在倡導並加以實踐了。

多年前，寺島曾在一場日中兩國產官學界的座談會上分析，日本陷入了頭腦和身體分離的狀態。亦即「身體」也就是日本的下部構造已經進入了與亞洲，特別是與大中華圈不可分割的時代；但「腦袋」，也就是上部構造的九十%以上還是偏重與美國的關係。

在寺島心中，鳩山已完成史無前例的政權交替，現在該是深化日本與亞洲的有機連動，以及整理日本腦袋的時候了，而澀澤當年力倡「義利合一」的著作《論語和算盤》，或許會是新政府掌握這個方向所需的指南針吧！

後記：「大中華經濟圈」的崛起

寺島實郎是民主黨的政策顧問，他主張日本應「親美入亞」，建立對等的日美同盟關係，重視亞洲在中國、印度相繼崛起後的廣大市場，特別是擺脫冷戰思維，關注由中國、台灣、香港和新加坡所組成的「大中華經濟圈」，因為這將是亞洲未來的發展重心。

八〇年代，日本一橋大學教授小島清曾提出著名的雁行理論，即亞洲的發展如雁群飛行，日本是領頭雁，其次是亞洲四小龍、中國、印度及東協依次分梯隊發展。在寺島看來，亞洲已不是過去以日本為首的「雁行經濟發展模式」，相反地，由大中華經濟圈所形成的「網路型經濟發展模式」，才是主流趨勢。

平成的水戶黃門

「上班族出身，鳩山由紀夫最信賴的一位民主黨議員。今年五月，鳩山從幹事長就任黨代表（黨魁）的同時，他自己也從幹事長代理成為黨代表室室長。長久以來，他始終在鳩山身旁扮演支援角色。」《時事通信社》如此介紹即將出任鳩山內閣官房長官的內定人選，六十歲的平野博文，一個連任五屆眾議員的政治家。

曾經在松下電器任職的平野博文，是大阪第十一區選出的國會議員，一九九四年他以無黨籍身分宣布參選，隔年即遇到阪神淡路大地震。這場震災給毫無參政經驗的平野帶來契機，因為積極投入救援活動，讓他開始體認水、食物、安全等問題，以及危機管理的重要性。隨後，在市民注視下，平野以徒步方式展開馬不停蹄的街頭演講，從重建的關西災區走向永田町。

鳩山挑選平野出任內閣官房長官，自然是基於平野長期隱身幕後且對他深具信賴感所致，日本媒體將平野博文形容是「平成的水戶黃門」的格先生，亦即鳩山成了喬裝微服、探訪民瘼的水戶藩主德川光圀，而平野則是那位隨侍在旁、忠心耿耿的渥美格之進，今昔對比，饒富趣味。

《水戶黃門》是日本時代劇中與《暴坊將軍》同享盛名的經典大戲，尤其《水戶黃門》歷經五代演員交替，深受普羅大眾的喜愛，播出的時間前後長達三十八年之久，堪稱是電視史上最長壽的時代劇，目前在劇中擔綱的主角是戰後六〇年代紅遍半邊天的東映巨星里見浩太郎。

以幕府為背景的《水戶黃門》故事，其實和中國是有淵源的，而且呈現的是一段跨國情誼。德川光圀是德川家康之孫，但幼年寄養他人之處，因容貌器宇軒昂，經僧人指點始獲悉身世，後來被幕府三代將軍德川家光指定為水戶藩的繼承人。明朝末年，朱舜水（亦是思想家朱之瑜）加入反清復明行列，經常在華南、日本、越南等地來往籌募資金，援助明鄭。永曆十三年（一六五九年）冬天，朱舜水在結束鄭成功最慘烈的南京攻防戰之後，銜命東渡日本求援，落腳長崎，並與慕名求賢的德川光國結識。

德川對朱舜水相當敬重，他不僅禮賢下士，甚至尊奉這位明末遺臣為師，而朱舜水的儒家思想也對德川影響深遠，為幕府時期的尊儒傳統奠定基礎。朱舜水後病逝江戶，德川還為他整理遺稿出刊文集。拜儒學之賜，關於德川光圀微服出巡、摘奸伏惡的軼聞，常在民間流傳，他隱居時獲幕府將軍冊封為「權中納言」，相當於中國唐代官職「黃門監」，此後「水戶黃門」之譽不脛而走。

《水戶黃門》的劇情千篇一律，每回在進入高潮打擊權貴犯罪時，助手總是會向作姦犯科者亮出代表德川御三家的葵紋家徽，然後喝令：「見到水戶黃門大人還不下跪！」在幾位身懷絕技的高手一路伴隨下，水戶光圀化身為退休的綢緞布莊批發商，雲遊四方、為民除害，他的傳奇故事不斷被重播，成為電視台的奇蹟，因為在收視率普遍陷入低迷的困局中，唯有該劇一枝獨秀。

就任首相在即的鳩山由紀夫，因為人氣攀高、炙手可熱，而博得「平成的水戶黃門」，率先被指名為鳩山內閣第一號閣員的平野博文，理所當然地扮演閣揆的左右手。事實上，日本媒體看平野的角色更直接、赤裸，不管是稱為輔佐員的「黑子役」，或是在背後玩謀權的「寢業師」，都說明他未來勢必如房屋裡的支柱般，支撐整個內閣運作的重要性。

統括事務的內閣官房長官，向來被視為是「總理的賢內助」，在新總理組閣過程中，一定是首先被任命的閣員，並參與後續整個組閣作業。日劇《CHANGE》中，初出茅廬的菜鳥總理朝倉啟太（木村拓哉擔綱），將組閣一事交由老謀深算的官房長官神林正一（寺尾聰飾演）運籌帷幄，結果落至被賢內助操控的地步。現實世界裡，要發生這樣權鬥的事或許並不容易，但透過戲劇鋪陳，官房長官隻手翻雲覆雨的角色，卻傳神地表露出來。

《水戶黃門》曾是我少年沉迷的日本時代劇，那是有著王朝馬漢相隨、御貓展昭同行的「日劇包青天」，他們在民間明察暗訪，在江湖行俠仗義，滿足了人們內心潛藏的正義感。就好比《CHANGE》的情節，機關算盡的神林會長，終究還是不敵純正善良的朝倉議員，無論幕府或平成年間，邪不勝正，自古皆然吧！

後記：內閣登龍門之路

日本是內閣制國家，內閣官房長官向來被視為僅次於總理大臣的職位，因為官房長官是內閣官房的負責人，亦即首相輔佐機構的辦公廳領導人，政界習慣以「總理賢內助」視之，也有「首相懷刀」這樣的說法。既然是首相懷裡的小刀，足見官房長官與總理大臣的緊密關係。

過去在自民黨執政時期，官房長官必然是與首相同屬一個派閥，而且往往是邁向總理大臣寶座的重要歷練，從早期的佐藤榮作、大平正芳、鈴木善幸、竹下登、宮澤喜一、小淵惠三到晚近的福田康夫、安倍晉三，這些官房長官出身的政治家，後來都出任首相。官房長官儼然成了首相候補者的登龍門之途。

森巴舞步迷惑日本

故事要從巴西總統魯拉的一段談話說起，這位口若懸河的拉美國家領袖，在國際奧委會（IOC）會晤媒體時，得意忘形地開了一個玩笑：「上午我才和首相說早安，下午又要和別人說午安。」語畢，在場記者莫不為之莞爾。

魯拉這番「日本首相隔一頓午餐就換人」的消遣，暗示的是連續三任首相分別僅任一年左右就下台的日本政局，從小泉純一郎交棒安倍晉三之後，歷經福田康夫、麻生太郎，自民黨總裁紛亂如走馬燈般的更迭，不但替政權拱手讓人埋下伏筆，也成為國際場合被揶揄的題材。

不過，贏得二〇一六年夏季奧運主辦權的魯拉，沒有失去贏家風度，他推崇同樣趕赴丹麥哥本哈根拉票的日本首相鳩山由紀夫，「我對他表示敬意」，因為鳩山是通過政權交替而上台，這和數年來首相頻繁換人的自民黨政府是大不相同。

其實，魯拉的臭屁不是沒有道理的。二〇一四年世界盃足球賽已確定在巴西舉行，里約熱內盧再度為巴西取得二〇一六年夏季奧運主辦權，讓巴西成為世界上第四

INK PUBLISHING

讀者服務卡

您買的書是：______________________________

生日：　　年　　月　　日

學歷：□國中　□高中　□大專　□研究所（含以上）

職業：□軍　□公　□教　□商　□農

□服務業　□自由業　□學生　□家管

□製造業　□銷售員　□資訊業　□大衆傳播

□醫藥業　□交通業　□貿易業　□其他__________

購買的日期：______年______月______日

購書地點：□書店　□書展　□書報攤　□郵購　□直銷　□贈閱　□其他

你從哪裡得知本書：□書店　□報紙　□雜誌　□網路　□親友介紹

□DM傳單　□廣播　□電視　□其他

你對本書的評價：（請填代號　1.非常滿意　2.滿意　3.普通　4.不滿意　5.非常滿意）

內容______封面設計______版面設計______

讀完本書後您覺得：

1.□非常喜歡　2.□喜歡　3.□普通　4.□不喜歡　5.□非常不喜歡

您對於本書建議：

感謝您的惠顧，為了提供更好的服務，請填妥各欄資料，將讀者服務卡直接寄回或傳真本社，我們將隨時提供最新的出版、活動等相關訊息。

讀者服務專線：（02）2228-1626　讀者傳真專線：（02）2228-1598

廣	告	回	信
板橋郵局登記證			
板橋廣字第83號			
免	貼	郵	票

235-62

台北縣中和市中正路800號13樓之3

印刻文學生活雜誌出版有限公司　收

讀者服務部

姓名：＿＿＿＿＿＿＿＿＿＿ 性別：□男　□女

郵遞區號：＿＿＿＿＿＿＿＿

地址：＿＿＿＿＿＿＿＿＿＿＿＿＿＿＿＿

電話：（日）＿＿＿＿＿＿＿＿　（夜）＿＿＿＿＿＿＿＿

傳真：＿＿＿＿＿＿＿＿

e-mail：＿＿＿＿＿＿＿＿＿＿＿＿＿＿＿＿

INK

個連續兩年內舉辦奧運會和世足賽的國家，在此之前只有墨西哥、美國和二次戰後尚未統一之前的西德，曾在兩年內包辦過這兩大體壇盛事。

這使得以「南美第一次」作為申奧訴求的魯拉，興奮地在記者會上直喊：「我們的時代終於來臨了，真的來了！」一舉擊敗芝加哥、馬德里和東京，讓世人目睹巴西身為金磚四國之一的影響力，巴西財長充滿信心，直言巴西將從二〇二〇年至二〇三〇年的十年內，從現在的全球第十大經濟體躍升至第五大。

對日本而言，一個正在迎向「全球性政治經濟大國」的巴西，恐怕是令其百味雜陳的。從某種角度來說，與日本有百年淵源的巴西，像是從地平線一端逐漸浮現的太陽，那旭日東升的光照，甚至讓以「太陽子民」自許的日本震懾不已。

一九〇八年六月十八日，七百八十一位日本人搭乘「笠戶丸」號客船，離開神戶，繞過大半個地球來到巴西桑托斯港口，從此開啟日本移民巴西的滄桑史。當年移民有其時空背景，巴西因地廣人稀，需要大量勞動力參與開發，遂向全球找尋勞動力，人口眾多的中國是對象之一，巴西政府曾派人與清朝商談，詎料遭到懷抱天朝心態的清政府回絕，官方後來轉而與明治維新後的日本接觸。

當時日本由於推動工業化的結果，有很多農民失去土地，透過移民公司的牽線引介，以及政府移民政策的推波助瀾，他們紛紛前往巴西，在一九二五年到一九三五年之間，先後有十五萬人移民這個南美土地面積最大的國家。直到目前為止，日本向巴西輸出人口近三十萬，歷經數代的繁衍，巴西的日裔移民後代已達一百五十萬人。

去年是日本移民巴西一百週年，日巴兩國訂為交流年，日本皇太子德仁還特地應邀前往巴西參加各項慶典和紀念活動。日本人向來團結又有滲透力，即使二戰期間曾經歷日語學校、報章雜誌被禁絕的考驗，巴西的日裔仍展現堅韌生命力，把日本飲食深化到各個階層、領域，譬如日本傳統的壽司、刺身幾乎在巴西烤肉店裡都找得到，據說在聖保羅某些市區，除了葡語之外，「講日語嘛ㄟ通」。

日本與巴西千絲萬縷的關係，足球是另一個具體象徵，許多日本人都相當喜愛這項運動，德仁與皇太子妃雅子是森巴足球迷，日本的球風甚至師承巴西，重金禮聘足球名將奇哥當國家隊教頭。有一年在東京，我和日本朋友談起巴西足球，他像追尋偶像的粉絲般著迷，對已是歐吉桑的他而言，巴西何止是足球王國，那裡還是擁有最多日裔的海外國家。

不過，那已是二〇〇六年之前的往事。二〇〇六年世界盃足球賽，日本在第一輪就被淘汰，而且正好是被全球日裔第一的巴西打敗，相隔三年，在競爭二〇一六年夏季奧運會主辦權的過程中，東京不敵里約熱內盧，這是自名古屋挑戰一九八八、大阪爭奪二〇〇八兩次申奧失利以來，日本的三連敗。

里約熱內盧此次提出的奧運預算是四個申辦城市之首，東京則是主張以節能為重點的「環保奧運」，但顯然未受金融危機衝擊的巴西更勝一籌，不只多數ＩＯＣ委員票投蒸蒸日上的南美大國，那熱情華麗的森巴舞步，無疑更迷惑了亟思再起的大和民族。

後記：對巴西情有獨鍾

明治維新之後，日本先後與俄羅斯、中國（清朝）爆發戰爭，無論是日俄或中日之戰，儘管最後都戰勝，卻已讓日本元氣大傷，陷入經濟危機。日本向國人推廣移民南美巴西，當初透過皇家移民公司前往聖保羅的日本移民，主要是從事咖啡種植。

時至今日，日本移民巴西已有百年歷史，繁衍至今也進入第六代，高達一百五十萬人的日裔移民，讓巴西成為擁有最多日本族裔的國家。巴西日裔對保留傳統日本文化非常努力，他們甚至以比本土的日本人更用心而感到自豪，這不僅體現日本團結的民族特性，也是日本何以對巴西情有獨鍾的原因。

倉本聰的生命禮頌

「我很想知道，為什麼最近從台灣去北海道旅遊的人數減少了？」再度來訪的佐藤千歲不解地詢問，「金融海嘯的影響，應該不是問題了，是不是台灣人對北海道的熱度已消退？究竟原因出在哪呢？」她一副打破砂鍋問到底的姿態。

黑白琴鍵交錯的歌聲，在昏黃的燈光下緩緩流瀉，眼前的佐藤迫不及待地想完成她此行的主要任務。截稿前夕，從東京捎來的一封信，只約略表達希望能在台北見面的要求，待落地約好時間，她開門見山就談：「除了旅遊問題，我們還計畫探討北海道與亞洲的關係，台灣當然是重點之一。」

我沒能解開友人的疑惑，但嘗試提供她另一個觀察點，「妳不妨從日劇的角度切入，因為那是許多台灣人認識或了解日本文化、思維的窗口，例如被視為『北海道代言人』的劇作家倉本聰，他一系列以富良野為背景的電視劇，在此地就擁有不少粉絲。」

我向佐藤提及《來自北國（北の国から）》，這部前後橫跨二十一年之久的戲

北海道的原野風情。（圖片提供：周敏煌）

劇影集，堪稱是倉本聰的代表作。以婚姻失敗的父親，帶著一對稚兒幼女返鄉起頭，倉本聰那平易近人的風格，細膩寫實的筆觸，以及對大地之母的禮讚、對自然萬物的觀照，充滿著濃厚的人文省思和生命疼惜，使得《來自北國》成為日劇迷心中的經典作品。

導演柯一正有回在偶像劇宣傳的現場，與我聊起《來自北國》的心得，他說：「每天都想看，卻又只想一天一集慢慢的看，就怕太快看完。」一語道出他的喜愛程度。另一位導演吳念真也有相同的感受，他從不諱言，倉本聰是他的偶像，因為倉本在劇作上的深厚功力，著實令他心嚮往之。

其實，柯導、吳導那種愛到心坎裡的心情，是多數倉本迷都有過的深刻經驗，但令人意外的是，來自東京的佐藤，卻沒有看過這齣看似小品實則宛若史詩般壯麗的日劇，可能她太過年輕了，不過佐藤倒是知道富士電視台去年慶祝開台五十週年的大作《風之花園（風のガーデン）》，這部對生命死

亡展現豁達、對親情包容刻畫動人、對鄉土關懷表露無遺的作品，故事拍攝地點也是在富良野。

前述兩部日劇，連同描寫父子情的《溫柔時刻（優しい時間）》在內，構成了倉本聰的「富良野三部曲」。我告訴佐藤，富良野並不是只有薰衣草而已，透過戲劇的拍攝與影集的放送，人們還可看見富良野四季更迭之美，假使能夠結合日劇的景點，或許更可吸引粉絲去體會旅遊的深度與精緻。

今年五月底，位在富良野市王子酒店內的「風之花園」對外開放，就是具體的例子。這座佔地七百坪、與日劇同名的庭園，即是白鳥琉衣（黑木美紗飾演）和白鳥岳（神木隆之介飾演）姊弟攜手守護的花園，現實世界裡，日劇舞台則成了觀光景點。園內有三百六十多種、為數約二萬株的花草，開放期從春天到秋天均勻分布，一如劇中爺爺白鳥貞三（緒形拳飾演）創作的花語，隨著四季時序轉變的各式各樣花草，不僅象徵人生百態，也呼應生命循環與大地輪迴。

佐藤贊同我的論點，事實上，就在她抵台當天一早，我剛好和韓教授聊到倉本聰，而《來自北國》理所當然地成為我向他推薦的日劇。曾經負笈東洋的韓教授，對日本政經、社會及文化都極為熟稔，我跟他詳述倉本聰作品的內涵，有著台灣電視劇看不到的人文素養、生活哲學和鄉土情懷。「就像吳念真常說的，我們只重視劇情，卻忽略細節」，我下了一個這樣的註腳。

那一晚佐藤還問了其他問題，而我也一如過去盡力為她解說，但儘管如此，我卻滿腦子停留在倉本聰的腳本上，那個以黑板五郎（田中邦衛飾演）一家的成長為主軸的感人故事，在編劇生動細膩的描繪下，土地如同母親一般，以寬容接納了受傷返鄉的孩子，而「家」則成了家人受到挫折或者疲憊時的避風港。

與佐藤道別後，我忽然想起自己整晚像個倉本迷，向一個任職於《北海道新聞》的友人推薦一齣以北海道為經緯的電視劇。何其有趣的安排，她來問我台灣事，而我回說北國情，在台灣與北海道之間，除了旅遊人數的消長之外，應該還有更深層的東西蘊藏其中。

這是倉本聰的魅力，因為他對生命的禮頌、對土地的歌詠，深深地感動了我，竟讓我成了北海道的擁護者、富良野的傳教士。

日劇《來自北國》劇照。

後記：富良野塾的社會良心

二〇一〇年三月，七十五歲的倉本聰因體力負荷，關閉成立二十六年的「富良野塾」。一九八四年倉本聰創設這個非營利事業組織，他在開塾文中寫到「你是否對文明感到麻木？」「石油還是水比較重要？」「批判還是創造比較重要？」「你是否忘了感動的重要？」「你是否會以任何形式的隻字片語來歌頌春天？」

代表社會良心的「富良野塾」，在當地農會協助下，提供參與者免費為期兩年不依賴水電、回歸原始的質樸農法生活，同時培育富良野戲劇工作團，作家吉田典子、演員加藤昌久都接受過劇團訓練。二〇一〇年四月，北海道教育大學邀請倉本聰擔任戲劇講座，四月二十九日並獲旭日小綬章。

職業摔角海海人生

搭乘都營淺草線，一路晃到終點西馬込站，然後徒步約八分鐘，就可以來到池上本門寺。這裡因大小寺院多被稱為「小鎌倉」，是日蓮上人圓寂之處，江戶時代以來的大名、藝術家、運動員及政治家，有不少歷史名人埋在寺內墓園。

日本三大名導之一的溝口健二之墓，就位在寶塔旁，建於江戶幕府、被視為國家文化財產的五重塔，四周則環繞著許多名人，例如首位文化勳章得主小說家幸田露伴、《眠狂四郎》電影演員市川雷藏。「日本職業摔角之父」力道山的肖像和墓地，反倒靜靜地躺在墓園的角落。

我和友人去本門寺是臨時起意的，沒有選在櫻花盛開的季節，固然錯過一大片銀白似雪的美景，但是能夠拜啟「戰後國民英雄」力道山，未嘗不是一次難得的機會。不過，嚴格地說，力道山不是我的年代，我熟識的職業摔角明星是巨人馬場和安東尼奧豬木，馬場的手刀與豬木的卍字固定，是我童年時期對黑白電視最深刻的記憶。

馬場與豬木之後的「巨無霸」鶴田、「革命戰士」長州力、「炎之飛龍」藤波辰爾等摔角選手，紛紛從出租錄影帶走到第四台，在台灣經濟剛起飛的時空背景裡，跟著父執輩觀看日本摔角，成了許多少年消磨青春、發洩精力的窗口。小孩子有樣學樣，在遊戲過程中模仿「眼鏡蛇纏身固定」或「反式印第安死亡鎖」，大人似乎也見怪不怪。

力道山是日本職業摔角的開山祖師，他從讀賣巨人一軍找來因傷引退的馬場，在巴西發現贏得鉛球和鐵餅冠軍的豬木，兩人的搭檔組合，連奪四屆國家摔角聯盟的雙打冠軍，形成日本職業摔角的「馬場・豬木時代」。六〇年代，拜無線電視台日益普及之賜，在東洋街頭紅透半邊天的職業摔角，飄洋渡海來台放映，旋即席捲風潮，馬場與豬木成為寶島家喻戶曉的流行人物。

讓我想起力道山、馬場和豬木這些人的是武藤敬司，這位去年率團來台演出造成轟動的摔角天王，今年十一月下旬將再度訪台。武藤的好友、台灣知名搖滾歌手伍佰，也將為他跨刀助陣，這個武藤的頭號粉絲說：「武藤先生給我的影響，不只是娛樂，他還給我很多面對人生困境時所需要的奮鬥力量。因為在摔角擂台上，輸贏是一瞬間，所以永遠都不要放棄。」

武藤是豬木的得意門生，同期入門的還有「霸王腳」蝶野正洋、「破壞王」橋本真也，聯手組成摔角迷眼中的「鬥魂三銃士」。其中，享有「超越天才的魔術師」之譽的武藤，擅長研發摔角招式，他自創以華麗性且兼具殺傷力而聞名的「閃光魔術（Shining Wizard）」，至今仍為粉絲津津樂道。

然而，如同人生的舞台，職業摔角選手風光的背後，其實是有諸多不為人知的辛酸，甚至生死竟在一瞬間。與天才武藤齊名的傳奇巨星三澤光晴，今年六月在廣島出賽時，遭對手的「岩石落下技」重擊頭部倒地後送醫不治，他猝逝擂台的噩耗，震撼整個摔角界。

出身北海道的三澤光晴，被讚譽為「馬場接班人」，他個性內斂，不似武藤性格外放，以優雅、輕巧的動作，不靠蠻力的技術取勝。一九八四年，三澤在巨人馬場安排下返國，在東京的國技館祕密變身為第二代虎面人，因而大受歡迎。三澤在讀國中時就決定走上摔角之路，有粉絲問他：「對你來說，職業摔角是什麼？」一輩子從沒想過要找其他工作的三澤回答說：「是我人生的全部。」

一九九〇年之後，三澤卸下虎面，以本尊出賽，他與同年出生的武藤，像是兩道平行線，各自在不同的職業摔角聯盟闖蕩。五年前，三澤曾在武藤出道二十週年紀念賽中與其並肩作戰過，當時武藤還表達「再搭檔合作」的希望，而三澤也以「我等著邀約」回應。兩位天才摔角大師的惺惺相惜，盡在不言中。

一場擂台上的死別，讓武藤與三澤始終無緣進行一場摔角迷心中的夢幻單打對決。武藤談及這位勁敵，不僅推崇「他是比我還棒的選手」，也感嘆兩人是在沒有路標拉著職業摔角往前跑的同志，入行二十五年，彼此聊得不多，「很想一起和他講內心事、一起喝酒、一起裝瘋賣傻。」

三十九歲的力道山，遭黑幫分子刺殺後一週因感染腹膜炎而身亡；武藤的同門師兄弟橋本真也，二〇〇五年因腦溢血過世，享年四十歲；三澤光晴戰死擂台之際，距離四十七歲生日僅差五天。他們的職業摔角生涯雖然熱血、絢爛，但離去時卻迅如櫻花飄落。

後記：參議員安東尼奧．豬木

已經退休的日本摔角明星安東尼奧．豬木，是許多老一輩摔角迷最深刻的記憶，他的一生充滿傳奇，出生橫濱的富裕家庭，戰後卻隨家人移民巴西，被前往當地參賽的「職業摔角之父」力道山發掘，從此走入職業摔角界，並與巨人馬場搭檔，開啟職業摔角最輝煌的「馬場．豬木時代」。

八〇年代的安東尼奧．豬木，逐漸淡出職業摔角界，投入日本參議員選舉，憑藉高知名度，當選史上第一位職業摔角選手出身的國會議員。豬木在參議員任內的表現，頗符合他所屬政黨形象「運動和平黨」，一九九〇年十二月波灣戰爭爆發前，他跑去見海珊請求釋放人質，結果有三十六個日本人獲救。

你是左派還是右派

從二〇〇九年十月一日起，南韓首爾的地鐵站開始實施行人靠右側通行的措施，首爾市政府交通單位認為，「現在機場出入口和人行道都是按照右側通行設計，如果行人能靠右側通行，則步行速度將加快一・二至一・七倍。」

首爾計畫將一六三個地鐵站中設置的一一〇九座自動扶梯的行進方向，從左側改為右側。配合這項新政策，包括前往地鐵剪票口、指示換乘方向的導向標識，都必須跟著調整，左側通行習慣已有一甲子的首爾，即將展開「向右看」的全民運動。

不過，南韓原本不是左側通行，根據一九〇五年十二月大韓帝國警務廳發布的命令，當時的行人、車馬通行原則其實都是右側通行，直到一九一〇年日本帝國併吞朝鮮半島之後，才全面被迫更改為左側通行。

二戰後獨立的南韓，車輛早已改回靠右行駛，但行人靠左側步行的習慣卻保留至今，以南韓強悍的民族性，很難想像為何沒有拋棄這個殖民統治的遺產。可以解釋「車改人不改」的現象，或許是生活作息根深柢固使然，儘管日本自己也在二戰敗後，因美國佔領軍的要求而改採右側步行。

據說，當年美軍是要求日本採用右側車行，但日本以改造車輛及相關公共設施花費過高為由婉拒此議，雙方最後妥協達成步行方式由左變右的結論，至於說服彼此的理由是「安全」。因為車輛既然是靠左側行駛，那麼路人由右側步行之後，等於車和人是面對面通行，如此一來，人車之間即可因面對面而保持距離、以策安全。

其實，初抵東京的外國人，可能會感受到日本似乎是一個習慣以左邊為優先的國家，譬如，開車靠左邊、搭電扶梯站左側、坐巴士車門在左方。尤其是當你要過馬路時，得先換個腦袋思考，注意右邊有無來車，而不是我們習慣觀看的左邊方向。

全世界的交通規則及車行制度，大抵上可以區分為左、右兩派，靠左而行的就是以英國為首的大英國協成員（如印度、澳洲、紐西蘭、印尼、南非）及日本、泰國等君主立憲國家。靠右而行的則有美國、中國、巴西、俄羅斯及歐洲的法國、德國、義大利、西班牙等國家。藉由殖民統治之便，將自身制度往殖民地移植，東西雙方自古皆然，但比較令人好奇的是，左、右兩派充滿歷史考究的緣起。

日本、英國盛行「左派」，與武士、騎士的佩劍習慣有關，這是因為他們將武士刀、長劍佩戴左側，以利右手揮舞作戰，而且為了避免刀鞘相撞、發生衝突，靠左邊而行，也成了保護自己的必要。但是法國大革命時，受壓迫的農民將靠左行視為權貴，遂改以靠右行區隔敵我，拿破崙征服歐洲後在佔領地大為推廣，讓法國成為人車通行的「右派」之始。

話說回來，在日本也有左、右派之分，就像關東和關西的腔調南轅北轍一樣，東京與大阪兩個城市搭電扶梯的習慣，也是涇渭分明。在東京必須靠左側站，來到大阪正好相反，與台北相同得靠右而立。對許多初來乍到的旅客而言，簡直是一國兩制，後來再仔細咀嚼，發覺東京與大阪的差異，不只有巨人與阪神，還有穿著、性格、飲食文化及城市風貌。

東京地鐵和紐約地鐵並稱為全世界最忙碌的兩大地鐵網，新宿車站每日乘客流量人數超過百萬，要在宛如迷宮般的地鐵中穿梭，掌握方向感是一大學問。我在東京當一個過客時，對於複雜如蜘蛛網絡的地鐵，常有不知東西南北的疑惑，甚至即使在每日上下班必經的人形町，都還曾有過迷蹤記，唯一不會忘記的便是「搭地鐵要靠左」這件事。

首爾地鐵裡的通行決定自左變右，不僅讓我想起韓國的殖民史，也連帶促使我思考有過被殖民經驗的台灣。由於強迫靠左通行是日本的殖民政策，使得日據時代的台灣，在人車通行上也無可倖免地淪為「左派」，現在台灣鐵路之所以靠左側鐵軌行駛，即是沿襲當時的鐵路設計。

擺脫殖民統治後的台灣，人民生活跟著美援走，交通行進的方向也向右看齊，但價廉物美的日本車，卻是多數國人的最愛，豐田、日產、本田滿街跑，就連高鐵都是日本新幹線的孿生兄弟。有些朋友經常在爭論，台灣究竟有沒有左派、右派的問題，我自己倒是覺得，依台灣的歷史、文化發展經驗，都快要成為「左右共治」之地了，所謂左派、右派，有那麼重要嗎？

後記：功成身退的鐵道之父

鐵路在台灣向右看齊的交通中是唯一「左派」。一八八七年劉銘傳奉派出任台灣巡撫，即奏准朝廷興建，當時就是找來英國人設計規劃，而這恰巧與日本人委請英國顧問團規劃如出一轍。因此，靠左行駛、走英制路線，遂成了百年台鐵奉行不渝的主義，包括軌道行進、車門開關，都是以左邊為圭臬，連帶也影響台灣高鐵跟著靠左走。

不過，為台鐵奠定經營基礎的是山口縣人長谷川謹介。他曾跟隨外國技師學習鐵道建造技巧，被民政長官後藤新平延攬，出任「臨時台灣鐵道部技師長」，著手規劃台灣南北的縱貫鐵路。數年後，接掌鐵道部。一九〇八年全長四〇五公里的縱貫鐵路通車，改變台灣的時空概念，這位「台灣鐵道之父」隨即也功成身退返日。

歲末年終的官邸宣傳

聖誕節這天晚上，首相鳩山由紀夫在官邸拍攝了一支宣導短片，向無家可歸的人溫情喊話，呼籲在歲末年初的跨年假期中，可以入住各個地方政府為他們準備的棲身之所。包括東京、愛知、京都、大阪、新潟、福岡等地，合計大約提供五百個房間，作為失業者和流浪漢過年住宿之用。

在短片中，鳩山以感性的口吻跟那些過年期間流離失所的遊民族群說，「你們絕不是一個人」。負責勞工權益的厚生勞動省大臣長妻昭，以及曾在去年底探視過「派遣村」的副首相兼國家戰略室擔當菅直人，也相繼拍攝相同的宣傳短片，從二十六日起上傳視頻網站「Youtube」，讓網友們可以觀看。

錄製宣導片當晚，曾擔任「過年派遣村」村長的湯淺誠，以內閣府參事身分陪同參與。東京大學畢業後就投入社運，湯淺誠長期關注失業、貧窮等弱勢問題，在出任官職之前，他是遊民志工團體「反貧困網」的事務局長，以支援街友和失業者的生活為主。

去年秋天金融海嘯爆發，造成龐大的失業潮，志工團體設在東京日比谷公園的派遣村，湧現許多無家可歸的遊民，為了解決露宿街頭的社會現象，熱心的人們爭相提供食物、衣服，厚生勞動省也趕緊伸出援手，提供公立體育館給街友臨時居住。

湯淺誠因而在那場震撼日本社會的派遣村活動中聲名大噪，當時擔任民主黨代表代理的菅直人，親自前往派遣村探視，與失業村民直接對話。民主黨贏得政權之後，菅直人即延攬湯淺誠入閣，以藉此凸顯鳩山政權對失業、貧窮問題的重視。

今年十一月底，日本政府決定在十七個都道府縣的七十七個職業介紹所，展開名為「Hello Work」的服務，為生活有困難的失業者提供職業介紹、住房及生活保障的諮詢。這項緊急就業對策即是出自湯淺誠的建議，希望對無家可歸的失業者提供救濟，菅直人表示，「政府會設法將此措施延續到年底，以避免再出現類似去年底的派遣村。」

根據厚生勞動省的統計，從去年十月之後至今年十二月前即將失業的非正職勞工，已達二十四萬四千多人，其中派遣員工約十四萬三千兩百多人，佔了五八‧六%。如果以失業人數來說，日本在去年十月雷曼兄弟宣布破產後開始，失業人數為二五五萬人，此後連續十二個月都呈現增加趨勢，九月份的統計已有三六三萬人，較去年相同時期增加百萬人。

如何因應嚴峻的失業問題及伴隨而來的貧困挑戰，已成為鳩山政權刻不容緩的政策課題。首相鳩山在十月召集相關閣員成立「緊急就業對策總部」，自己兼任總部長，著手制定應對措施，譬如放寬政府負擔部分失業補貼的申領條件，他強調，有必要成立這樣的職能部門，以統一政府內部應對就業問題的權責。

對日本而言，將近二十五萬的非正職勞動者失去工作，無疑是一個巨大的社會問題。一方面，多數日本人認為，失業等於是失去自我價值的認同，而原因往往是自己不夠努力，是自己的責任。另一方面，中年失業的悲哀與壓力，如同電影《東京奏鳴曲》的情節，不僅帶來家庭關係的崩解，也造成日益複雜的社會問題。

然而，大批派遣員工遭到企業裁員的命運，除了受到全球金融風暴的影響之外，派遣員工的基礎體制規範不善，才是關鍵所在。舉例來說，輿論經常批判解除派遣員工契約的企業主，卻很少去追究派遣仲介公司，但事實上，派遣員工的時薪是由派遣仲介公司決定，而企業主則是依它和派遣公司的契約條款，支付人力仲介費用。

換言之，賺取大量仲介費卻又未善盡照顧之責的派遣公司，其實是以廉價工資變相剝削、壓榨那些非正式雇員的派遣族。影響所及，無論是派遣村裡頭的網咖難民或是電影中描述的流浪上班族，都是這股失業浪潮下的產物。

日本之所以在二〇〇九年出現政黨輪替，當時「過年派遣村」所引爆的社會問題，發揮了推波助瀾的效應，失業群眾及其背後的家庭，必然是將矛頭指向無能的自民黨，這種唯執政者是問的態度，也一定對當前的民主黨造成強大壓力。

東京的上野恩賜公園，是遊民聚集之處，也是賞櫻的最佳場所，悲慘與美麗冶於一爐，流離和團聚共處一園，曾讓我感到迷惑。支持率跌破五成的鳩山內閣，想必是以戒慎恐懼之心，面對眼前的失業挑戰；決定在田園調布的豪宅賞花過年的鳩山首相，應當也有著相同的心情吧！

後記：台灣也有奏鳴曲

當日本政府因為派遣人數過多，導致失業、貧窮問題鬆動社會，而開始檢討派遣制度時，台灣勞委會七月份送到立法院勞基法修正草案中，計畫將企業使用派遣勞工限制，由不得超過雇用人數的三％放寬至二十％，政府部門二〇一〇上半年甚至帶頭任用了一萬五千多名派遣人員，引起了台灣勞工團體抗議，並於五一勞動節發起「反窮禁派遣」遊行。

台灣目前的派遣勞工約五十一萬人，雖僅約佔總就業人口的四・八％，遠低於日韓，但在企業節省人事成本與政府美化失業率的強勢運作下，台灣勞工未來面臨派遣命運的吞噬，處境益顯艱難。這總是讓我想起《蟹工船》的悲慘故事，類似《東京奏鳴曲》的劇情，其實也早已在台灣上演了。

豐田軍的桶狹間之役

豐田汽車的大本營位在愛知縣豐田市，二〇〇五年萬國博覽會（世界博覽會）在愛知登場時，豐田集團榮譽會長豐田章一郎，榮任日本萬博協會會長。這一年，全棟由玻璃帷幕覆蓋的總部新大樓落成，豐田從美國通用汽車手中取得富士重工八．七％股權，成為富士重工的最大股東，為日後超越通用躍居「世界第一」埋下伏筆。

世代相傳的豐田家族，一如出身尾張國（今愛知縣）戰國大名織田信長，歷經多年的征戰後，終於在形式上一統江湖（如果沒有後來的本能寺之變，日本戰國史早已改寫）。織田信長控制混亂近百年的政局，而豐田家族則攀登汽車工業的巔峰，今昔相比，織田未能完成的成就，其實已被豐田汽車實踐，甚至飄洋渡海前進新大陸，橫掃北美、揮師歐洲及進軍中東、中國等市場，開啟百年企業僅見的經營奇蹟。

二〇〇五年是豐田極為風光的一年，那時候的豐田已經要衝破八百萬輛的年總產量大關，愛知萬博會儼然是豐田汽車向世人展現王者姿態的舞台，除了東道主的身分，豐田館內吹奏喇叭的機器人表演，是最受參觀民眾歡迎的節目，在會場內全自動運行的「IMTS」，一種由豐田汽車研製無人駕駛的未來型運輸工具，也標誌著豐田領導創新的世紀夢想。

那年我在愛知萬博會現場，感受到豐田在科技研發上的進步與魅力，卻不知道豐田集團已像從尾張出發的織田軍，突破「反信長包圍網」，連敗武田、朝倉、淺井等大名，平定各地諸侯，迫使室町幕府走向滅亡。

重視品質管理與成本控制的豐田軍，在鼎盛時期以旗下四大主力品牌Toyota、Lexus（凌志）、Scion、Hino，外加併購的Daihatsu（大發）和持股的Subaru（速霸陸），除日本本國之外，在全球二十六個國家有五十二座生產基地，雇用員工總數高達二十六萬五千人，汽車銷售一百七十多國。

二〇〇七年第一季，豐田汽車全球汽車銷售量超過二三四萬輛，同期美國通用汽車銷量為二二六萬輛，這是豐田首度在季銷售量擊敗通用，二〇〇八年豐田正式終結通用汽車長達七十七年全球銷售之冠的地位，成為世界第一大的汽車生產製造商。

然而，好景不常，受到全球金融海嘯的衝擊，各個汽車廠家大幅減產，即便是獨占鼇頭的豐田，在二〇〇九年全球銷量也下滑至六九八萬輛，整個日本汽車工業的衰退更是明顯，以去年十一月落幕的第四十一屆東京車展為例，入場人數僅六十一萬四千人次，較二〇〇七年的上屆車展減少四成三，連一百萬人次的預定目標都達不到。

一個頗能體現豐田疲態的現象是去年十一月宣布退出F1賽事的決定，連續兩年出現虧損，讓豐田汽車難以負擔每年高達數百億日圓的費用，社長豐田章男無奈地表示，「考慮到F1車迷，雖然覺得難過，但以公司中長期的經營環境來看，實在是不得不做出這個艱難的決定。」

然而，更為艱鉅的挑戰緊接而來，二〇一〇年開春後，因腳墊卡住油門踏板及零件缺陷而宣布召回北美、歐洲問題車的數量，已如滾雪球般暴增，自去年十一月起陸續開始自主修理，至今年一月底，這些問題車總數已超過豐田汽車去年一整年的全球銷量，也導致原定七四〇萬量的集團銷售計畫，面臨調整下修的嚴峻考驗。

現在的豐田汽車很像在狂風暴雨中身陷桶狹間的今川義元，而不是善於謀略的織田信長。今川是戰國大名中的強權，他親率兩萬五千大軍越過尾張國境，遭遇視死如歸的織田軍，結果佔天時地利的織田信長，以寡擊眾，在暴雨中殲滅今川軍，一戰成名。當時聲勢如日中天的今川，作夢也沒想到，被譽為「東海道第一大名」的他，竟然會命喪桶狹間。

理論上，以豐田集團舉世聞名的管理，應該不會步上今川義元的後塵。豐田企業文化講究人定勝天，追求不斷改善，鼓勵員工在錯誤中學習，面對困難永不放棄。長期以來，「豐田模式」所代表的管理價值觀與事業方法，一直是企業界爭相學習的典範。

但是這次召回事件卻暴露豐田在風險管理上的危機與隱憂，豐田的處理顯得漫不經心，完全不像一個品牌價值高達三〇五億美元的日本企業（品牌顧問公司

Interbrand Japan元月底公布日本企業品牌價值排行榜，豐田居冠）。豐田章一郎曾說過，他最擔心的是，「自信與自負」，會不會墮化為「自滿與怠慢」？對於眼前的事物，會不會認為是理所當然，視而不見？

眼前的豐田軍，難道真的變成自滿與怠慢的今川義元？那一片攸關駕駛安全的油門踏板，莫非鬼使神差地成了豐田軍的桶狹間？

後記：美中疾行以道歉收場

「一路走來豐田流失了一些東西，我們將回復豐田精神。」豐田汽車召回事件爆發後，豐田章男從二〇一〇年二月底，於美國、北京兩地展開為期一週的道歉之旅。在美國國會聽證會上，豐田章男擺低姿態承認「生產擴大速度過快，導致工作出現混亂」，並聘請美國前運輸部長斯萊特（Rodney Slater）領導品質諮詢小組。外界解讀是日本企業與美國文化的補修學分。

隨後在北京的道歉會上，面對中國消費者的踢館控訴。豐田章男以九十度鞠躬道歉，強調「中國是非常重要的市場，將重視消費者意見」。中國目前取代美國，成為全球最大汽車消費國，二〇一〇年又成長十%，但豐田業績卻下滑十六%，面對這個潛力雄厚的大客戶，豐田章男試圖將危機化轉機，重塑豐田品牌，並力抗陸製汽車崛起的雙面夾殺。

龍馬風潮即將襲台

十月十一日，從去年八月二十六日開拍的NHK年度大河劇《龍馬傳》，終於在東京澀谷的NHK放送中心殺青，飾演主角坂本龍馬的福山雅治，和扮演龍馬好友岩崎彌太郎的香川照之，共同祝賀也慰勞劇組、演員一年多來的辛苦拍攝。

四天之後，NHK正式宣布，預定十一月二十八日上演完結篇的《龍馬傳》，將從十一月中旬起陸續在台灣、韓國、泰國，透過有線電視播放，目前還在洽談的其他亞洲國家電視台，還有中國大陸、香港及越南。二〇〇八年的《篤姬》，曾在七個國家或地區播放，為歷來日本大河劇在海外放送之最。

四十一歲的福山雅治談到殺青心得時，有感而發地說：「在經歷別離與挫折之後，仍然勇往直前，希望龍馬這種專注的精神，可以超越國界，讓每個人產生共鳴。」一年多前，這位首度主演大河劇的偶像男星，不諱言他對幕末英雄的崇拜，「坂本龍馬是幕末一位充滿傳奇的歷史人物，過去我不曾有過大河劇的演出經驗，既感到緊張，也令人備感興奮。」

一齣叫好又叫座的戲劇，往往是反映當代社會形態、庶民生活與人文思潮的縮影，人們慣於藉由劇情發展或劇中角色的自我投射，尋找熟悉的成長記憶，緬懷遠颺的時代典範，積極者或能從中汲取不斷向前的正向動力，消極者則因感同身受而獲得生活慰藉，即便觸景傷情，也還是戲如人生、人生如戲。

《龍馬傳》是NHK的第四十九部大河劇，全劇四十八集，每周播出一集，根據今年上半年的日劇收視率調查，《龍馬傳》以二〇％左右的表現稱冠，第三季之後雖然呈現下滑趨勢，但十月十日剛放送的第四十一回〈再見了！高杉晉作〉，收視率又拉回來，顯示日本人對這齣大河劇的喜好程度。

坂本龍馬是日本人最喜愛的幕末英雄，他出身土佐藩（今四國高知縣）的富商之家，為了追尋自己的夢想，不惜脫藩浪跡天涯。在作家司馬遼太郎的筆下，龍馬的熱血形象深入人心，他個性瀟灑不羈，既不愛權又不尚武，對和平渴望、對理念堅持，不僅為構建日本的國家圖像而跨越藩籬，也為胸懷世界的富國之道而籌組海援。

其實，日本人對坂本龍馬的印象是來自司馬遼太郎所形塑，六〇年代司馬遼太郎的歷史小說《龍馬來了》，被改編拍攝成NHK的第六部大河劇，當時亦曾創下二十二・九％的高收視率，由演技派的北大路欣也詮釋龍馬。此後，坂本龍馬成了時代劇中最常被傳誦的典型，而那一頭飄散的捲髮，外加短刀、手槍、馬靴，以及一襲飽經風霜的破衫，則是出現在不同日劇中不變的龍馬打扮。

NHK大河劇這次二度詮釋坂本龍馬，採取全新的觀點，負責撰寫劇本的是著名編劇福田靖（改編過《HERO》、《CHANGE》及《神探伽利略》等賣座日劇），為了加強賣點，還特地找來出身長崎的福山雅治，一來因為幕末時代對外開放的商港長崎，正是坂本龍馬創立海援隊的地點；二來福山曾與福田靖合作過，演紅了《神探伽利略》中的天才物理學家湯川學。

透過以三菱財團創辦人岩崎彌太郎為主述者的角度，坂本龍馬漂泊傳奇的一生更顯得有血有肉。彌太郎和龍馬是一個鮮明的對照組，劇中的要角每次登場時都會一段配樂，滿口黃牙、穿著邋遢的彌太郎，初期被塑造成際遇甚差卻又死皮賴臉的衰神，他的出場音樂彷彿像是馬戲團的小丑，不似龍馬的氣勢磅礴。

據說，三菱企業對先人遭此「醜化」頗有意見，NHK的回應倒是簡單明瞭，只說很抱歉，等到秋天，龍馬死了，就是彌太郎的天下了。事實上，岩崎彌太郎在劇中不盡然是個丑角而已，他在「土佐勤王黨」首腦武市半平太身繫牢獄時，對受命下毒的內心掙扎，體現人性良善的真實面，也是編劇對這個甘草人物的細膩刻畫。

看日本人的大河劇，多少反映他們時代氛圍。《龍馬傳》收視率最高的一集「黑船與劍」，內容描述美國黑船的到來，當時正在江戶練習劍術的龍馬，親眼目睹蒸汽船的龐然身影，內心震撼不已。現實世界裡，日本也走到如同幕末時代的嚴峻考驗，中國崛起的衝擊，並不下於那改變日本命運的黑船事件。

在《龍馬傳》海外放送中拔得頭籌的台灣，將於十一月十五日的緯來電視台，播放這齣深受日劇粉絲期待的大河劇，而福山雅治也計畫造訪闊別十年之久的寶島。我猜想，屆時會有一股「龍馬風」襲台，且讓我們也乘著這道風，看看懷念坂本龍馬的日本人，究竟心裡在想什麼？

那是一種典型在夙昔的心情，還是等待史上「第三次開國」再起的寄託呢？

後記：史上最帥的坂本龍馬

坂本龍馬是日本人最喜愛的幕末歷史人物，從老牌演員北大路欣也開始，歷來飾演過坂本龍馬的日劇演員不勝枚舉，包括《宛如飛翔》的佐藤浩市、《新選組》的江口洋介、《篤姫》的玉木宏、《仁者俠醫》的內野聖陽等人，但似乎都不如最新登場的福山雅治要來得受歡迎，因為這位英俊熟男可是長期高居最受日本女性喜愛的名人排行榜。

福山雅治是音樂才子，二〇〇九年底，他重返闊別十六年的紅白歌唱大賽，在此之前，他演紅了多齣膾炙人口的經典日劇，從一九九三年《一個屋簷下》的柏木雅也到晚近《神探伽利略》裡的天才物理學家湯川學，福山擁有相當可觀的粉絲，改編自偵探大師東野圭吾作品的電影《嫌疑犯X的獻身》，更是蟬聯好幾個禮拜的票房冠軍。

輯四 熒熒的光輝——時代人物

席琳與達比修

「在日本描寫與伊朗有關的作家屈指可數，我想假如我的寫作無須透過翻譯，人們也許會有興趣。」席琳・內澤瑪菲（Shirin Nezammafi）用流利的日語說：「從現在起，我希望多著墨於人民的想法和他們的生活，而不再只是戰爭的主題。」

廿九歲的伊朗女作家席琳・內澤瑪菲，在五月八日於東京舉行的頒獎典禮上表示，「我是興奮的，因為我並未預期會得獎。」她以中篇小說《白い紙》榮獲《文藝春秋》雜誌主辦的第一〇八屆日本文學界新人賞，這是繼華人作家楊逸之後第二位獲得這個獎的外國人，也是第一位出身非漢字文化圈的得獎者。

席琳生於伊朗德黑蘭，十年前赴日留學，她先在大阪外語大學研修日語一年，隨即進入神戶大學工學部攻讀，後自大學院（等於台灣的研究所）自然科學研究科畢業，目前她在大阪一家大型電器公司擔任系統工程師。席琳在留學期間開始用日語創作，得獎作品《白い紙》是一部以兩伊戰爭為背景的青春小說，內容是描寫在接近伊拉克邊境的小鎮上，一個年輕女孩短暫而浪漫的愛情故事。

不過，這並不是席琳首度得獎，二〇〇六年她曾以日語小說《サラム（Saramu）》獲得當年的留學生文學賞，該部小說是以阿富汗的難民為題材。席琳如其領獎感言，想要寫自己的故鄉，乃至那個深受戰火之苦的中亞地區，而她也果然得償夙願並且陸續贏得文學桂冠的榮耀。

旅日的伊朗人為數不少，席琳・內澤瑪菲是最近聲名鵲起者之一，與她在文壇成就足堪相比的名人是日本職棒新生代球星達比修有（Darvish Yu），有趣的是，達比修身世卻讓人聯想起席琳和她筆下的故事，都是兩伊戰爭下的淡淡愛戀。達比修的父親是伊朗人，母親是日本人，兩人在美國留學時相識相戀，最後因兩伊戰事回不了伊朗而選擇定居日本大阪。

達比修是繼「平成怪物」松坂大輔之後最受棒壇矚目的天才投手，高一就擁有時速一五〇公里的火球，這個來自仙台東北高校的右腕怪物，曾在二〇〇四年春季甲子園，投出睽違十年（史上第十二次）的無安打比賽。該年的高校生選秀，達比修被日本火腿隊以單獨第一指名，年底的簽約金為指名會議上限一億日圓，年薪一千五百萬日圓，從此開啟他無比風光的日職生涯。

身材高大、外型俊美的達比修，被視為松坂大輔的接班人，他初登板就擔任開幕戰先發，並且拿下勝投，而上一個寫下此紀錄的新人，已是六年前（一九九九年）的強投松坂大輔。二〇〇七年，達比修以十五勝五敗、二一〇次三振及一點八二防禦率，奪下洋聯澤村賞，但這位被看好挑戰棒球殿堂的豪腕少年，卻始終對加入大聯盟嗤之以鼻。

席琳和達比修，一是文壇新銳，另一是日職巨星，他們是伊朗人在日本社會的菁英典範，但這只是少數，大多數的旅日伊朗人，其實生活得很努力、也很辛苦，有些甚至連受到公平合理的待遇也沒有。多年前，日本政府在處理一樁伊朗籍家庭申請繼續在日居留的作法，就因為違反人權、損及形象而飽受批評。這起一家四口皆是伊朗人的案例，父母育有兩女，其中三人在日本居住長達十六年，長女已不會講波斯語，幼女還是在日本出生。

原本自二千年起，日本政府對簽證逾期的外國人採取特別措施，假使其子女已習慣日本生活，回母國有適應困難的問題，可以允許他們繼續居留。然而，當時的法務大臣卻推翻前例，對該案持反對立場，此舉引來社會譁然，尤其媒體刊登家庭成員照片及報導內容，都被認為是對家庭乃至對母國伊朗尊嚴的傷害。

日本對外國人向來是抱著兩極化的心態，若是來自七大工業國的西方人，社會對待顯得頗為慇懃，而若是非西方或開發中國家，則冷漠以對。即使像伊朗這樣供應日本十五%原油的友好國家，也不例外，日本被批評是唯一未立法解決種族歧視的開發國家，關鍵的因素即在於根深柢固的「選擇性排外」。

席琳十年有成的故事，讓我想起二〇〇四年秋天，那時我在東京三田的日語學校，班上有一位從伊朗嫁到日本的女同學，她有個二、三歲左右的寶寶，我常看見她騎單車載著孩子，行過慶應大學東門的櫻田通，穿梭在人群裡，來去有如一陣風，幸福和希望洋溢在她臉上。我想那是許多在日本外國人所嚮往的世界，在一個進步平等的國度追求自己的夢想，幸福過日、希望相隨。

後記：挑戰芥川文學獎

席琳後來繼續以《白紙》入圍二〇〇九年芥川文學賞，但未能奪下這個象徵日本文學最高殿堂的桂冠，隔年她以新作《拍動》二度挑戰芥川獎，這篇小說是在描寫一名留學生臨危受命充當阿拉伯口譯，內心卻忐忑不安的故事。媒體對她勇於突破日本私小說的格式，給予高度評價。二〇一〇年的席琳，儼然已是外籍作家在日本的看板了。

至於達比修，為了代表日本參加二〇〇八年的北京奧運，他在父親的同意下放棄伊朗國籍，宣誓歸化日本。甲子園之後，當同期好手對赴美發展躍躍欲試時，達比修卻興趣缺缺，表明要留在日職打球。不過，時移勢轉，二〇一〇年三月，他終於鬆口，想要追隨前輩腳步去挑戰大聯盟了。

兄弟　人間交叉

「首次擔任主角，雖然很高興，但更多的是緊張。」熬了多年二線演員的小泉孝太郎，對於即將主演朝日電視台七月播出的夏季大戲《客服中心的戀人》，難掩興奮地說：「我要仔細體會這種喜悅，投入拍攝工作之中。」

身為前日本首相小泉純一郎的長子，孝太郎剛進入演藝圈時曾因父親光環而成為話題，他先後在《派遣女王》、《極道鮮師3》等日劇中演出，無論是主任或校醫，儘管令人期待，卻無緣獨當一面，這回和人氣電視劇《派遣女王》的編劇中園美保合作，終於讓孝太郎有機會扮演惹人愛憐的帥哥。

相對於得償夙願的小泉孝太郎，繼承父親衣缽的小泉進次郎，卻沒有兄長來得幸運。去年十月，小泉純一郎指名次子進次郎成為接班人後，民主黨開始在世襲問題上大作文章，這迫使自民黨內部也醞釀限制世襲，並且試圖從下屆眾議院改選實施。但由於進次郎早已獲得黨推薦，此議遂引起地方反彈，六月一日，主張最力的選舉對策副委員長菅義偉，和神奈川縣支部妥協，限制世襲從「下下屆起」實施。

自民黨內的推遲改革，讓小泉進次郎可望成為政治世襲的第四代，從小泉家世代相傳的神奈川十一區（橫須賀與三浦）出馬，而且很可能在今年夏天迎戰勁敵、前長野縣知事田中康夫。擁有美國哥倫比亞大學碩士頭銜的進次郎，曾在華府的國際戰略研究所任職，長年擔任小泉首相的秘書，小泉純一郎對他的刻意栽培，讓民主黨鎖定為封殺對象，積極推動禁止前任議員三代以內親屬在同一選區參選，以期為選舉造勢。

小泉進次郎選擇了和哥哥孝太郎截然不同的人生道路，很像石原慎太郎、石原裕次郎這對橫跨政治與影視的知名兄弟檔，他們的故事如出一轍，同時更巧合的是，石原家與小泉家還是遠房親戚。

已三度當選東京都知事的石原慎太郎，和英年早逝的明星弟弟石原裕次郎感情甚篤，他們歷久彌新的兄弟之情，始終為人津津樂道。一九五六年，還在一橋大學就讀的慎太郎，以裕次郎年少輕狂的故事為題材，發表小說《太陽的季節》，贏得日本文學大獎的芥川賞，這部暢銷的青春小說隨後改編為電影，從慶應大學法學部退學的裕次郎，參與演出，此後他走紅影歌界，成為家喻戶曉的時代人物。

石原裕次郎是我兒時的記憶，他主演的《向太陽怒吼》、《西部警察》等堪稱長壽的警匪動作片，曾是我和弟弟趁著大人不在家時偷看的熱血影集，黑白的大同電視機播映著那年頭沒被查禁的東洋劇，扮演警視廳搜查課長的石原裕次郎，每回在劇尾結束時穿著風衣、叼根菸，獨自瀟灑地走過大街的一幕，至今還深深地留在我的腦海裡。

北海道小樽運河。（圖片提供：周敏煌）

多年後，我在新宿的東京都廳隨團訪問石原慎太郎，當時現場氣氛嚴肅，駐日代表處的官員很慎重地說，首都市長的維安規格是不下於日本首相，他有專屬電梯、直接通道。我在等候的時候，想起石原裕次郎，他們兄弟倆一個是在文壇享有盛名的政治家，另一個是日本最具代表性的影視大哥，他們的生命宛若是在人間出現了交叉。

石原慎太郎在一九九六年又寫了一本以裕次郎一生為主題的長篇小說《弟》，並由朝日電視台改編製作為紀念開播四十五週年的連續劇，演技洗練的老牌演員渡哲也（「石原軍團」成員之一），還在片中飾演石原兄弟的父親。二〇〇四年十一月上映，這齣斥資十五億日圓的電視劇連播五晚，天天都突破二十%的驚人收視率，完結篇甚至達到二十八%的高點，在日本社會造成極大回響。

那一年秋天，我在東京，石原慎太郎、裕次郎兄弟間感人熱淚的情誼，透過每晚播出及觀眾的熱烈討論，引起我的好奇、關注。相隔三年，現在看小泉孝太郎、進次

郎，他們也各自走在人間的交叉點上，哥哥演戲、弟弟從政，加上又是來自世襲的小泉家，兄弟倆似乎已成為石原兄弟之後另一對備受矚目的傑出昆仲。

只是我不知道，從小父母就離異的小泉孝太郎和進次郎，有沒有像石原慎太郎和裕次郎之間那樣牽絆的兄弟情。石原裕次郎過世之後，慎太郎曾帶著弟弟的遺骨回到海邊，那是個性自由的裕次郎最喜愛的大海，有他們在北海道小樽成長的童年回憶。

後記：自民黨的小王子

在神奈川縣十一區出馬的小泉進次郎，最後擊敗與他同齡的民主黨勁敵橫条勝仁，保住家族世代相傳的地盤。不過，東京大學法律部畢業的律師橫条，也在比例代表區中復活，如果沒有意外，他仍將是小泉進次郎下回連任的主要對手。

雖然是國會一年級生，但被視為政壇帥哥的小泉進次郎，已成為自民黨的看板人物。二〇一〇年七月的參議院選舉，這位人氣指數超高的政治菜鳥，四處為人輔選，女性選民爭相與他拍照，架式宛如偶像明星。與年輕時的小泉純一郎相比，初出茅廬的進次郎，毫不遜色，看來小泉家族第四代後繼有人了。

苦悶的青春旗手

六月十九日，許多文友來到東京近郊三鷹市的禪林寺，向誕生一百年卻也逝世逾一甲子的小說家太宰治致敬。翌日，為紀念這位「青春旗手」百歲冥誕而以其代表作《人間失格》開拍的電影團隊，在東京召開記者會，導演荒戶源次郎戰戰兢兢地說：「我們不能失格，而是要合格。」

《人間失格》之意顧名思義就是「失去做為人的資格」，這是太宰治的最後一部作品，也是他的半自傳小說，主角大庭葉藏被視為太宰治的化身，包括參加馬克思主義的社團，與酒店小姐殉情獲救，在世間掙扎卻又不斷耽溺酒色，宛如太宰治的人生寫照。

儘管太宰治不願承認這本書是他的自傳，但對照他自溺又頹廢的一生，選擇以疏離表現手法敘事的《人間失格》，其實已成為他的自畫像，堪稱是太宰文學的巔峰之作。

從一九四八年發表至今，《人間失格》已累計出版一千萬冊，卻從未被改編搬上大銀幕，親自擔任影片製作的角川集團主席角川歷彥說：「由於這部小說很難影視化，直到現在還無人嘗試，我非常高興能讓這樣一部文學電影問世。」

然而對太宰治來說，成為二次戰後與川端康成、三島由紀夫等文學大師齊名的經過是極其艱苦。家族是青森縣內屈指可數的大地主，入贅的父親曾任貴族院議員，年輕時的太宰治，很早就立定成為一個作家的志向，他鍾情芥川龍之介，出身優渥卻又深受無產階級文學影響，對人間充滿苦惱。

進入東京帝國大學法文系就讀後，太宰治流連於菸酒、女人而荒誕課業。他經常透支費用、生活困阨，在苦悶與情愛中飽嘗折磨。二十一歲時，太宰治愛上銀座咖啡店的女侍，然不倫之戀難以被接受，兩人因此攜手殉情，詎料女侍香消玉殞，太宰治反而被救活。此後，他每次自殺都離不開女人，直到為情而死。

放蕩成性的太宰治，始終不曾改變酗酒尋歡的生活，徹底實踐他的人生哲理「戀愛、寫作、享樂」。在他自我放逐的一生中，有五次殉情自殺，而他的頹廢作風，不僅為其贏得「無賴派」代表，也被讚譽是毀滅美學一代宗師。

不過，這位頹廢作家卻在一九四五年寫出獨特的傳記小說《惜別》，這是以「中國現代文學之父」魯迅留學日本仙台為題材的作品。委託且提供資助這部小說的日本文學報國會和內閣情報局，原本目的是希望藉由太宰治描述青年魯迅與其恩師藤野嚴九郎（東北大學人體解剖學講師）的故事，體現「大東亞之親和」的思想。

但太宰治在作品中卻對孫文的革命思想和三民主義理論表示認同，他甚至安排藤野主張「不要欺負中國人」，此舉等於是間接對軍國主義侵略行徑提出批判。這是戰爭時期日本文學界少見的自我反省，以當時的時空背景，誠屬不易。

事實上，太宰治寫魯迅是有其複雜性的，他糅合前人特色「既有春花一樣的甘美，也有秋霜一樣的冷峻」。由於魯迅與日本的密切關係，以及日本人對魯迅的濃厚興趣，使得《惜別》一書迥異於太宰治的其他作品，而我因此對魯迅在中、日之間的特殊連結感到好奇。

多年前，我在朝日新聞的同事原學先生，曾經帶著傳家之寶，向我展示從他父親就珍藏至今的魯迅墨跡，那是一九三六年初春，魯迅在上海抄錄唐朝詩人杜牧〈江南春〉贈送給日本友人的筆墨。那年十月十九日，魯迅因肺結核病逝，原學保存的墨寶，很可能是魯迅生前最後少數的遺作。

太宰治一定明瞭這樣的歷史縱深和跨國情誼，所以才會在《惜別》中對儒家文化傳統和三民主義思想給予正面的論述，然而這卻不太像是太宰治的風格。當《斜陽》、《潘朵拉的盒子》、《Villon之妻》等作品都在今年陸續被翻拍成電影，太宰治熱潮似乎再起之際，《惜別》敘述的青年周樹人（魯迅本名），卻讓人側目，因為那顯露了太宰治不為人知的一面。

預定在新片中擔綱演出太宰治「分身」的當紅男星生田斗真，在讀過《人間失格》一書後曾表示，「我希望能演出

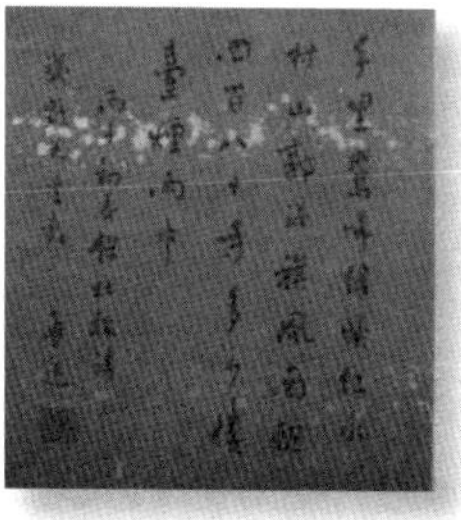

魯迅墨跡。

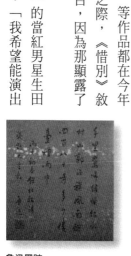

迷戀酒和女人，過着主角看似頹廢生活卻又纖細、慎重和具有破滅感的世界。」那是太宰治自我投射的生命，一個人間失格的懺悔之境。

一九四八年六月十三日，在肺結核日益惡化中完成《人間失格》的太宰治，偕同情人山崎富榮在玉川上水投河自盡，一周之後，六月十九日，也是太宰治三十九歲生日這一天，兩人遺體被發現，苦悶的旗手終於不再自我放逐。

後記：在三鷹找太宰治

太宰治是日本人心中不死的青春偶像，他的作品深刻地影響日本文壇，包括村上春樹這樣的作家，都被認為承襲了太宰治頹廢、孤獨但誠實的寫作風格。大文豪投河自盡已逾一甲子，但那個戰後無賴派文學的代表，依然是後世日本青年不斷追尋的人生圖像。

東京近郊的三鷹市，是太宰治生前移居之地，沿著車站的中央通有一條文學步道，太宰治的作品《斜陽》被雕刻成碑，許多書店也跟著落腳在此。從步道直行可抵達神社，隔鄰禪林寺的墓園，就是太宰治長眠之地。每年六月，熱愛太宰治的文友都會聚集憑弔，為他舉行櫻桃祭。

就這樣向東走

為了拉抬低迷的內閣支持率，自民黨選舉對策委員長古賀誠跑去找宮崎縣知事東國原英夫，請他代表自民黨參選下屆眾議院選舉，人氣頗高的東國原開出條件，要求以成為「自民黨總裁候選人」的身分參選，他把話說得很漂亮，宣稱自己「將為宮崎而投入國政」。

東國原英夫是知名度甚高的諧星，他是名導演北野武的開山弟子，也是以北野為首的藝人「武軍團」成員之一。東國原有個藝名，日文原意有「就是這樣」（そのまま）的意思，他因此以中文譯名「東東」走紅影視圈，過去台灣觀眾較熟悉的綜藝節目《上岡異言堂》，即可見到「東東」的搞笑演出。

在日本政壇，四十三歲才進早稻田大學進修的東國原英夫是個異數，當初他棄演從政，並不被看好，資深眾議員加藤紘一預言他一定做不久，東京都知事石原慎太郎也笑他是鄉巴佬。結果這個搞笑藝人出身的菜鳥縣長，卻在二〇〇七年炒熱「宮崎」成為當年財經雜誌評選的十大熱門商品之一，而以「宮崎行銷員」自居的他，則被媒體選為年度風雲人物。

自民黨在危急存亡之秋找「東東先生」出馬，原本是想遞補前國土交通大臣中山成彬退出眾議員選舉後的遺缺，詎料，黨內反應不一，有同志批評黨中央「最好冷靜一下頭腦」。在野黨幾乎是一面倒的唱衰，曾角逐過自民黨總裁的國民新黨領導人龜井靜香譏諷說：「有著如此悠久歷史的政黨，在垂死掙扎的邊緣竟醜態畢露，必須淪落到這種地步。我在自民黨的時間也算很長，但此事讓人感到很淒涼！」

在野黨對自民黨打出「東東牌」的冷嘲熱諷，意味著日本朝野備戰多時的川中島之役即將登場，任何的風吹草動，勢必引起敵我雙方的高度關注。事實上，從六月十四日的千葉市長選舉到下個月五日的靜岡縣知事選舉、十二日的東京都議會選舉，已被視為眾議院改選前的三大地方前哨戰。尤其民主黨推薦的三十一歲熊谷俊人當選為千葉市長之後，更讓自民黨政權的保衛顯得迫在眉睫。

力邀諧星縣長救黨，無疑是「不按牌理出牌」的策略。當民主黨先後在四月的名古屋市、五月的埼玉市及六月的千葉市等三個市長選舉拿下勝利以來，自民黨內無不充滿強烈的危機感，如果不能及時止敗，繼續讓民主黨連勝，那麼政權變天將是時間早晚而已。

唯一讓自民黨稍感安慰的是，今年三月底當選千葉縣知事的老牌偶像明星森田健作，他雖以無黨籍參選，但其實是自民黨力挺的人選。森田出道甚早，稱得上是既會演又會唱的影歌雙棲名人，一九七一年的青春偶像劇《我是男子漢》及後來多部熱血青年電影，讓他享有「青春巨匠」的稱呼。不過，森田最令我印象深刻的是他在電影《砂之器》一片中扮演的刑警角色，以及時代劇《大岡越前》的演出。

森田是東國原之後另一個明星知事，在這之前，最富盛名的是東京都知事青島幸男，但這位集作家、演員、音樂人和電影監督於一身的政治家，政績卻乏善可陳。憑藉著高知名度，即使已是歐吉桑的森田，仍以英挺外表和健康形象成為廣告界知名的代言人。千葉縣知事選舉拜票時，森田經常會應選民的現場點唱，重新詮釋那些紅遍半邊天的暢銷單曲。

森田健作的勝選，必然給自民黨帶來啟示，以至於有請「東東」在宮崎縣出征的點子。但東國原畢竟不是省油的燈，他順勢向自民黨提出在全國知事會議上彙整而成的要求，例如主張中央和地方稅源五五對分，希望列入黨的競選綱領，並在四年內實現。顯然東國原也覺得這場仗不能白打，何況他還得面對要做滿第一任知事任期的施政承諾。

然而，以「宮崎」為名的東國原英夫，已經在眾議院大選中攪亂一池春水，他曾於〇七年寫過一本書《宮崎で生まれた改革の波は、そのまんま東へ！》，書名使用自己的藝名作為雙關語，意思是指「自宮崎誕生的改革波浪，就這樣向東走」。

宮崎縣位於九州東南，是日本西部的縣分之一，來自鹿兒島的東國原英夫，著書比喻改革將朝向日本中央邁進。在當前群雄並起的戰國時代裡，他向自民黨開出下屆總裁候選人的條件，宛若就是在實踐一個宮崎諸侯向江戶而行的企圖心。

後記：終於來到東京都

二〇〇九年四月，宮崎縣爆發口蹄疫，直到隔年八月疫情結束為止，縣內撲殺有「縣寶」之稱的種牛等約二十九萬頭豬牛，包括畜牧、觀光及工商業等地方經濟遭重創，東國原英夫為此跑到東京會見首相管直人。

當時東國原知事提出三百億日圓的重建基金，希望中央政府能全額負擔，但管直人並未允諾。不知道是否受此刺激，東東先生隨後透露，他不準備連任宮崎縣知事，而是打算角逐影響力更大的東京都知事，徹底實現他「就這樣向東走」的夢想。

帶給國民夢想和希望

「她長年從事演藝活動，在《放浪記》中擔綱演出已達二千場，給國民帶來夢想和希望。」日本內閣官房長官河村建夫在記者會上宣布，將授與資深女優森光子國民榮譽賞時，形容兩千場就像一座金字塔，「那是前無古人的偉業！」

七月一日，首相麻生太郎頒獎給這位在藝能界第一線活躍超過半世紀的舞台劇明星，盛讚她滋潤了國民心靈，森光子不僅成為首位獲獎的女演員，也是國民榮譽賞成立迄今初次頒贈的現役藝人。在此之前，跨越二戰前後的老牌演員長谷川一夫，以及在《男人真命苦》中演出主角車寅次郎的渥美清，都是去世後才獲此殊榮。

國民榮譽賞創設於一九七七年，由總理大臣頒獎表彰，授與的對象是「廣受國民敬愛，能給社會帶來明亮、希望並且有顯著成就的人物」，第一位獲獎的是國人所熟悉的旅日職棒球星王貞治，設立獎項那年九月三日，他揮出第七五六號全壘打刷新世界紀錄，兩天後旋即由首相福田赳夫頒獎。

三十二年來，象徵無比榮耀的國民榮譽賞，先後有十七人得獎，包括世界首位完成五大洲最高峰攀登的冒險家植村直己、曾拿下三次世界冠軍和一面奧運金牌的柔道傳奇人物山下泰裕、連續出賽二二一五場的日職鐵人衣笠祥雄、史上最強的相撲橫綱千代富士，以及在雪梨奧運勇奪女子馬拉松金牌的高橋尚子等。

除了運動激勵人心之外，國民榮譽賞的得主以音樂人和文化人居多，譬如首創四格漫畫《サザエさん（中文翻譯為蠑螺小姐）》對安定戰後社會貢獻良多的漫畫家長谷川町子，以《羅生門》、《七武士》等不朽名作享譽國際的電影大師黑澤明。有兩位歌手得獎，一是享有「不死鳥」之譽的美空雲雀，另一是曾擔任歌手協會會長的演歌界大老藤山一郎。

獲獎最多的是作曲家，這頗能反映日本政府對國民榮譽賞的定位與期待，去年十二月因急性心肌梗塞猝逝的戰後歌謠界代表性人物遠藤實，就是例證之一。他一生創作五千多首歌曲，最耳熟能詳的傳世名曲是〈北國之春〉，被亞洲許多國家改編翻唱，台灣就是曾紅遍大街小巷的〈榕樹下〉。

麻生在首相官邸向這位已故的作曲家致意時如此推崇，「他創作眾多流傳於世且富有感情的名曲，對我國的歌壇發展做出突出貢獻。」但不管怎麼措詞，頒獎的首相總不忘感謝得獎者「帶給國民夢想和希望」，自學作曲的遠藤實，是繼古賀政男、服部良一、吉田正之後，第四位獲獎的作曲家。

對台灣音樂圈而言，恐怕很難想像，一個音樂創作者可以獲得如「國民榮譽賞」這樣來自政府的崇高肯定。但有趣的是，這些獲得國民榮譽賞的日本作曲家，對台灣歌壇的影響卻相當深遠。

以茨城縣日立市出身的國民歌謠作曲家吉田正為例，他擅長描述都會的哀愁，創作生涯共寫下超過二千四百首歌曲，台灣早期的台語老歌有不少翻唱吉田正之曲，如〈難忘的鳳凰橋〉、〈懷念的播音員〉、〈悲戀的公路〉等。此外，目前還是KTV點播勁歌的〈墓仔埔也敢去〉，曲子也是出自吉田正之手。

這些作曲家開枝散葉，從東洋擴散到鄰近各國，像指揮家服部良一所作的〈蘇州夜曲〉，從李香蘭主演的電影主題曲一直傳唱至今，他的兒子服部克己是動畫音樂編曲家，孫子服部隆之更是《交響情人夢》、《華麗一族》等多齣日劇的幕後配樂。吉田正的門生同樣眾多，名氣最大且還活躍者，當屬吉永小百合。

國民榮譽賞創設之初，曾被批評是為了挽救支持率低落的內閣人氣，而「授與基準不明」的問題也引起各方議論，但若純就著眼於為國民找尋典範的角度而言，這毋寧還是日本社會關注的盛事。相對於台灣此刻高唱入雲的「有品運動」，已逾三十載的「國民榮譽賞」經驗，其實是一個值得借鏡的他山之石。

高齡八十九歲的森光子說，明年五月到六月，《放浪記》將在東京有樂町的劇場上演。從一九六一年開始擔綱這齣舞台劇的她，將繼續扮演女作家林芙美子的角色。這是何等令人敬佩的精神，我不禁要問，什麼時候，我們也可以擁有屬於自己的國民戲劇、國民歌謠、國民英雄，一起為島嶼子民帶來更多的夢想和希望呢？

後記：辭退國民榮譽賞的人

翻開「國民榮譽賞」史，像是在閱讀日本的國民英雄傳，但截至二〇〇九年，歷來的十八位獲獎者中，能在生前獲此殊榮的僅有七人，其餘十人都是死後授予，而旅日棒球明星王貞治，不僅是第一個獲獎人，也是迄今唯一的非日本國民。

不過，也有人辭退國民榮譽賞，分別是職棒盜壘王福本豐、旅美棒球天才鈴木一朗及作曲家古關裕而。其中，又以鈴木一朗兩度婉拒的理由最為經典，他說：「能得到國民榮譽賞是至高無上的光榮，但並不適合一個還活躍在球場上的現役球員，要拿這個獎，等退休後再說吧！」

波浪具有人們未知能量

二〇〇三年，三浦雄一郎登上珠穆朗瑪峰，那一年他七十歲，創下世界最高齡登頂的紀錄；五年後，三浦從尼泊爾一側的艱難路線，也就是變數較多的珠穆朗瑪峰南峰攻頂成功，再度刷新由同胞柳澤勝輔所締造的紀錄。

夾在三浦兩次紀錄中間的柳澤，是一名長野縣退休中學教師，他在二〇〇七年登頂時，年紀是七十一歲，剛好超越三浦，這讓三浦興起奪回紀錄保持人之念，儘管當時的他，已接受過兩次心臟手術。

「上次登頂時，四周雲霧繚繞，沒能看到景色。這次儘管難度很高，但山的女神珠穆朗瑪說山上天氣很好，然後再次向我發出召喚。」去年三月出發挑戰珠峰之前，三浦雄一郎如此告訴媒體說：「老化是人類無法避免的過程。不過，如果你有人生目標，就應該去鍛鍊體能與心智，把年紀的問題拋諸腦後，展開挑戰。」

以七十五歲高齡二度登上世界之巔的三浦雄一郎，是一個擁有多項輝煌成績的專業滑雪高手。早在一九六〇年代，還在北海道大學醫學部擔任助教時，他就開辦滑雪學校；一九六四年首次參加在義大利舉行的滑雪競賽，寫下時速一七二公里的世界紀錄；一九七〇年五月，從珠穆朗瑪峰南口八千公尺滑降，實現從世界七大洲最高峰滑雪下山的心願。

像三浦這樣老當益壯的日本冒險家所在多有，今年六月「植村直己冒險賞」特別獎得主堀江謙一，同樣不遑多讓。一九三八年出生於大阪的堀江，二十三歲就獨自駕著帆船橫渡太平洋，此後他宛如座頭鯨般一直泅泳於大海之中，不斷改寫航海紀錄，譬如縱向環繞地球之航，以及兩度成功挑戰單人不停泊航行全球一周，去年七月他更完成駕駛「波浪推進船」的世界首航。

所謂「波浪推進船」就是以波浪為推進動力的無帆船隻，在船體前方安裝有兩個水下旋轉翼，模仿游泳時的海豚式打腿法，吸收波浪垂直運動產生的動力推動船體前進。堀江乘坐的船名為「三多利美人魚二號」，採用環保設計，船身用回收鋁製成，航海燈也採用太陽能電池。

從夏威夷火奴魯魯到日本紀伊水道，全程六千三百公里的大航海，堀江謙一體會到與風力迥異的自然力量，因此，當他抵達植村直己的故鄉兵庫縣時，向在場歡迎的媒體發表感言說：「靠著從四面八方湧來的波浪推進船隻前進，讓我體驗了波浪可能具有人們所未知的能量。」

堀江謙一希望藉由親身冒險，探測開發海浪成為新一代能源的可行性，為解決環保問題提供一個契機，他曾說：「不受年齡與體力的限制，這項新挑戰讓我感到心情激動。」三浦雄一郎則以挑戰自己的年齡與心臟狀況，作為跨越人類極限的反老化行動，就如同他的工作人員所稱，「夏季攀登珠峰，人們會因為稀氧低氣和強風低溫而出現衰老兩倍的感覺」。

三浦和堀江可以說都是日本著名登山探險家植村直己的化身，從明治大學農學部畢業之後，植村就開始浪跡天涯海角，二十九歲成為獨自攀登五大洲最高峰的世界第一人。他曾為了橫越南極，跑到格陵蘭最北端的愛斯基摩人村落生活，學習駕駛狗拉雪橇，在不見陽光的冰雪天地中勇闖三千公里，後來駕狗拉雪橇技術日臻純熟，竟然在北極圈獨行一萬二千公里。

直到一九八四年消失於阿拉斯加的麥肯尼峰，被政府追贈國民榮譽賞之前，植村探險的腳步不曾停歇，他充滿熱情且傳奇的一生，不僅鼓舞後人效法、追隨，也讓世界看見日本冒險家的存在。「植村直己冒險賞」的設立，因而成為用以表彰不畏艱難勇於征服大自然的個人或團體。

堀江已開始計畫下一次的航海冒險，三浦明年一月也將擔任一支老人南極探險隊隊長。人生七十才開始，在他們身上獲得最佳驗證，那不只是不服老而已，還有從年輕一路走來始終如一的驚人耐力、旺盛熱情和永不放棄的堅韌意志。

七十歲才完成獨駕帆船橫渡太平洋處女航的台達電日籍特別顧問村田和雄，在《用紀律圓夢》一書中寫到，「夢想宛如一條河，時而鑽進地底，時而又流出地表，綿延不斷，終得以流進大海，這是最幸運的事情」。因為懂得在人生的尾聲抓住機會、完成壯舉，這些歐吉桑在生命旅程中終於有了無憾的註腳。

後記：永不消失的身影

植村直己是日本冒險家的代表性人物，他的一生幾乎都在向極限挑戰。就讀明治大學期間，他加入登山社，那時社友小林正尚從阿拉斯加旅行歸來，暢談冰河見聞，讓他開始對海外山岳充滿嚮往。植村是第一位登上珠穆朗瑪峰的日本人，也是世界完成攀登五大洲最高峰的第一人，繼之又以單人雪橇縱走格陵蘭、穿越北極圈，屢屢創下傲人的冒險紀錄。

一九八六年，植村驚心動魄的冒險故事，被拍成電影《植村直己物語》，由性格演員西田敏行擔綱，倍賞美津子飾演始終默默支持植村的妻子。一九九四年，「植村直己自然學校」及紀念館成立，距離植村消失在北美高山，正好相隔十年。據說，他失去音訊的前一天，剛完成登頂，那天也是他四十三歲的生日。

雜草魂政治家的抉擇

「中田宏為何要引退？」七月二十八日，橫濱市長中田宏在市政府召開記者會，宣布辭去市長職務時，這是一個立即浮現我腦海裡的問題。「正值鼎盛之年，施政績效不錯，群眾魅力頗高，卻選擇急流勇退，莫非有難言之隱？」

記憶總是似遠還近，歷歷在目。二〇〇五年初春，即將自東京回台之前，我再度前往車程一小時不到的橫濱，拜訪故交，當晚我偕同橫濱好友，與中田宏在榻榻米上隔席而坐、舉杯對飲，因為返國在即，雙方酒興甚佳，近乎酩酊。

那時的中田宏，顯得意氣風發，不僅對市政改革駕輕就熟，就連議論國政大事，也展現一般地方首長少有的企圖心。二〇〇六年四月，中田宏以八十四%的驚人得票率，較上屆成長近一倍的八十三多萬票當選連任，顯示他的卓越政績與超高人氣。

四十四歲的中田宏出道甚早，他從青山學院大學經濟學部畢業後，旋即進入素有「政治家搖籃」之譽的松下政經塾，成為第十期的塾生。中田宏日後回憶，在松下政經塾的訓練，對他的從政有很大幫助，譬如在鄉村的服裝工廠、新加坡的超市海鮮部，以及從事垃圾回收分類和工廠廢品處理，「讓我認識到不同的人都是從他們自己的利益出發。」

一九九二年的日本政壇風起雲湧，初出茅廬的中田宏，加入前熊本縣知事細川護熙號召的日本新黨，先後擔任首相細川、前防衛大臣小池百合子的秘書。一九九三年，未及而立之年的中田宏，首度出馬挑戰神奈川縣眾議員選舉，竟然一試中的，並連任三屆。

二〇〇二年中田宏順利轉戰橫濱市長，三十七歲的他，創下全國「政令指定都市」有史以來最年輕的市長。尤其是橫濱，儘管擁有三百六十多萬人，為僅次於東京的第二大城市，但如何發揮自身的優勢、特色，擺脫緊臨首都的衛星城附屬地位（這多麼像台北縣與台北市的關係），卻需要深具遠光的施政智慧和策略。

中田宏以效法「雜草魂」的精神自許，他最顯著的政績是推動環保節能，譬如上任不久，即要求市辦公場所將夏季的空調溫度設定在攝氏二十八度，以節省能源，員工則換下西服領帶，改穿便服上班，這遠比小泉純一郎的「Cool Biz」夏日輕裝運動要早上好幾年。又如，他要求橫濱市民將垃圾分為十五個回收類別，一年內橫濱垃圾量減少三十四%，關閉兩座焚化爐。

中田宏銳意改革，他的文化藝術再造都市，更是博得地方好評，堪稱文創產業楷模。和他交情甚篤的台灣外交官林桑，以「永遠站在第一線解決問題的幹才」，形容這位和馬英九總統等朝野政要都熟識的日本政治家。然而，前途一片看好的中田宏，卻突然在眾議院大選之際宣布辭職，引起各方震撼，這個精力充沛、思緒靈活的年輕市長，究竟在想什麼？

選擇在紀念橫濱開港一五〇週年，為七年四個月的市長生涯劃下休止符，中田宏說，辭職後，他可以專心致力於秋天預定成立的政團活動。在他心目中，那將是一場建立日本成為良好國家的國民運動。

中田宏不僅表露重返國政的意願，還將今年八月底眾院選舉之後的政局視為改變的關鍵，他在〈日本的復甦之道〉一文中直言，「日本經濟的考驗，已因去年秋天以來的全球不景氣而日趨嚴酷；國家及地方自治體的債務急速增加，佔GDP比高達一六〇％，在先進國家獨占鼇頭；長期維持在世界第二大經濟國的地位，預測將在五年內被中國追趕而上。」

揮別「城市管理者」之前，中田宏曾在去年底碰到許多日本政治家都遭遇過的麻煩，一名三十歲的陪酒女郎跑去橫濱市政府開記者會，宣稱她與中田宏有過一段維持兩年的地下情，花名「奈奈」的她，以中田宏毀損名譽且害她罹患腎病為由，向地方法院提出民事訴訟，索賠三千萬日圓。

對於酒店小姐的爆料，中田宏似乎不為所動，日本政界好像也沒把不倫傳聞當一回事，辭職數日後，全國最年輕的知事馬上向他招手。四十歲、畢業自早稻田名校的大阪府知事橋下徹，盛讚中田宏是「改革的旗手」，以延攬出任特別顧問一職將他奉為上賓。

當無黨籍的前橫濱市長從關東出發，與去年當選且炙手可熱的關西百里侯「合流」時，這會不會是一個政治結盟的開始呢？

後記：初嘗敗績的關東之星

從關東出發的中田宏，在二〇一〇年四月與志同道合的東京都區長山田宏、前山形縣知事齋藤弘等人組成「日本創新黨」，這個以歷任地方政府首長為主的新興政黨，目標是希望通過國家、地方及國民的自立建設一個「強而有力的日本」。

中田宏旋即代表日本創新黨投入夏季的參議員選舉比例代表，但因政黨得票不盡理想，讓他初次嘗到在國政選舉落敗的滋味。不過，中田宏向來善於在逆境中突圍，他曾於訪談中說過：「我努力為自己創造一個環境，讓我可以堅持自己所相信的政策。」

再見富士山的飛魚

二〇〇六年秋天，我應邀參觀日本國立體育科學中心（JISS），在游泳池畔巧遇一位英挺帥氣的年輕選手，他剛抵達中心準備前往更衣室，負責解說的運營部人員，禮貌性地介紹這個身著運動夾克的超級大明星。

「他是北島康介，二〇〇四年雅典奧運蛙式一百公尺、二百公尺金牌得主。」

北島只是點個頭致意，隨即轉身離去，一旁的解說員表示，「在這裡是禁止和選手拍照的，因為我們要尊重選手的肖像權，而且更不能影響他們的訓練。」

和鼎鼎大名的「世界蛙王」擦身而過，沒能即席訪談，讓那次的參訪帶著小小的遺憾。兩年後的北京奧運，北島康介再度衛冕一百公尺、二百公尺蛙泳項目的雙料冠軍，成為奧運史上首位連續獨攬一百公尺與二百公尺蛙泳金牌的選手。

我之所以想起北島，那是源自八月二日的一則外電報導，前日本奧會主席、國際游泳總會（FINA）名譽副主席古橋廣之進去世的消息。八十歲的古橋是在應邀前往義大利羅馬，觀看第十三屆世界游泳錦標賽時，猝逝於下榻飯店。日本游泳總會官員因聯繫古橋未果，趕去房間才發現老先生已在床上辭世。

古橋被公認是一九四〇年代日本最出色的游泳選手，他的一生充滿傳奇，被比喻是帶給戰敗的日本人自信與希望的「國民英雄」。一九四八年，因戰爭中斷十二年的奧運在倫敦舉行，身為二戰發動國的日本被禁止參加，無法參賽的古橋，反倒在同一時期的日本游泳錦標賽，一舉打破四百公尺、一千五百公尺自由式的世界紀錄，掀起日本國民的狂熱支持。

翌年，隨著日本重返國際泳總，古橋獲邀參加全美游泳錦標賽，結果大放異彩，先後在自由式四百公尺、八百公尺、一千五百公尺等泳賽項目寫下當年世界最佳成績，震撼國際泳壇，來自靜岡縣的古橋，因家鄉位於富士山所在地，被美國媒體讚譽為「富士山的飛魚」（The Flying Fish of Fujiyama）。

古橋在他的游泳生涯中曾三十三次刷新世界紀錄，如果不是一九五〇年遠征南美，意外感染阿米巴痢疾，以至於健康不佳、體能下滑，古橋或許不會在

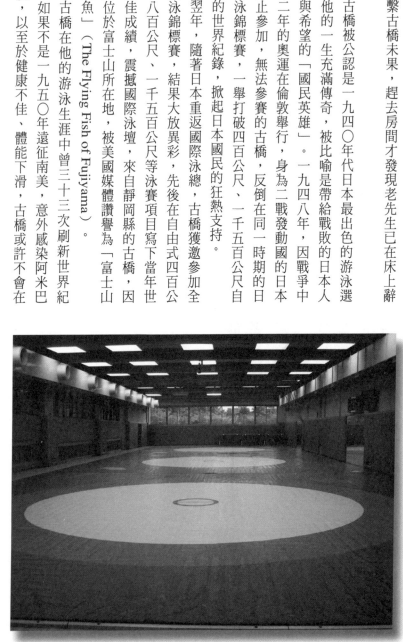

一九五二年的赫爾辛基奧運後提前引退。當時的古橋擔任運動員隊長，在背負國民的深切期待下出賽，僅以四百公尺自由式第八名收場。

然而，古橋的奮戰不懈卻感動了日本國民，當時負責實況轉播的NHK播報員飯田次男聲淚俱下地說：「各位，請不要責備古橋。沒有古橋的活躍（意即激勵人心），戰後日本的發展是不可能的。讓我們對古橋說聲謝謝！」

古橋廣之進是二戰後日本最傑出的游泳運動員，當他客死異鄉的噩耗傳回日本後，首相麻生太郎在追憶時如此表示，「古橋屢創世界紀錄的表現，不僅為戰敗而消沉的日本人心靈注入一道陽光，也為國家走向復興之路帶來勇氣和希望。」

麻生對「國民英雄」古橋的推崇，令人不禁聯想另一個被討論是否要頒贈「國民榮譽賞」的北島，他們兩人年紀儘管相差半個多世紀，但是卻都有著似曾相識的生命歷程。

少年古橋是在浜名湖畔與游泳相遇，從此連作夢都在想怎麼跟魚比勝負，他在小學六年級時就刷新日本學童的游泳紀錄。少年北島則是在十二歲小學畢業那一年，因為和廣島亞運的游泳金牌選手一起訓練，從此許下「要到奧運比賽」的心願。

北島康介十七歲就如願以償，他在二〇〇〇年的雪梨奧運嶄露頭角，雖然只得到第四名，卻已刷新全國紀錄，進而在四年後的雅典、八年後的北京，締造日本泳壇的空前成就。古橋廣之進十七歲那年，日本已淪為戰敗國，他的左手中指因戰爭事故被切斷，環境雖然極度惡劣，他依舊加倍練習，一次又一次的優勝，辛苦換來喜悅，但

日本國立體育科學中心。

古橋終其一生，還是與奧運獎牌無緣。

二十六歲的北島，顯然比古橋幸運許多，除了天賦和努力，他是日本科技運用與團隊合作的成功範例，一度宣布退休的北島，已在今年四月透露復出的念頭，「如果說哪項比賽能激發你更多的動力與熱情，那無疑只有奧運。」

至於古橋呢？選擇在象徵泳壇聖殿的世錦賽中離開人間，古橋已體現了自身名言「游到成為一條魚」，富士山的飛魚，或許正優游在從地中海返航的路上吧！

後記：世界蛙王重出江湖

二〇〇八年北京奧運開幕前，北島康介向世人誇稱，「不奪金牌，絕不回國」。結果他在二百公尺、一百公尺蛙泳拿下雙面金牌，繼二〇〇四年雅典奧運之後，再度蟬聯稱霸，成為傲視群雄的世界蛙王。但這位史上唯一連續兩屆奧運拿下蛙泳雙料冠軍的孤獨王者，卻在賽後宣布退役，震撼泳壇。

然而，天生好手的北島，終究還是不能忘情池畔，他決定復出，並遙指二〇一二年的倫敦奧運。但長時間缺乏系統訓練，一度讓外界懷疑北島實力。兩年後的泛太平洋游泳錦標賽，北島康介獨攬一百、二百公尺蛙泳冠軍，擊退包括世界紀錄保持人在內的各國高手，向世人宣告他的歸來。

揚名東洋的吳文繡

吸引我目光的是一則財經新聞，「青島啤酒」與「朝日啤酒」合作打造國際性大企業，這兩家分別在中國、日本稱霸的啤酒公司，決定聯手進行資本合作，消息傳出後震撼業界，畢竟中、日雙方第一大啤酒製造廠的結盟，非同小可。

朝日啤酒於今年四月購入青島啤酒近二十％股份，並在十一月初指派董事，青島啤酒公司董事長金志國上週赴日本會見東京媒體時表示，「單獨發展終究有其極限」，陪同的朝日啤酒社長荻田伍也強調，希望利用青島的生產點和銷售網路，擴大在中國大陸的業務。

朝日和青島結盟一事，讓我想起一個多年不見的朋友，她叫「吳文繡」，有個英文名字「Sandra（珊卓拉）」，十四年前曾參與朝日啤酒進軍中國大陸的計畫。當時朝日啤酒和伊藤忠集團合作，打算收購北京啤酒及煙台啤酒，任職香港中華策略投資集團的吳文繡，銜命協助這起備受商場矚目的案件。

吳文繡負責日方與中方之間的商業談判，嫻熟中、日文的她成了雙邊橋梁，在收購案中扮演關鍵角色。此後，「珊卓拉・吳」因緣際會地陸續參與多起商業併購案，在日本泡沫經濟衝擊股市之際，她因收購兼併成績傲人且重組改革績效顯著，不僅成為日本亞洲證券（Japan Asia Securities）集團的股東及創辦人，二〇〇一年五月，她出任日亞證券代表取締役社長（相當於總裁），更引起日本金融市場的震盪。

當年四十歲不到的吳文繡，像成吉思汗般在金融界策馬馳騁、開疆闢土，先是為台灣首座購物廣場籌募資金，繼之收購新加坡四合成公司，然後成為日亞控股株式會社取締役，接著從二〇〇一年夏天起，在金融和醫療體系展開一連串的併購行動，短短六年之內，成功地併購七家券商和兩家資產管理公司。

日亞控股東征西討的戰果，包括收購老字號的丸金證券和有百年歷史的金萬證券，以及取得沖繩證券的控制權、購入擁有十一間支店網絡的丸宏大華證券等。二〇〇五年七月，集團跨足醫療護理行業，成為大阪上市公司MOSS的最大股東；二〇〇八年一月，日亞集團再度將觸角延伸至科技業，一家東京證券交易所的上市公司，在地質測量、海洋探勘及工程規劃的顧問行業中具有領導地位的株式會社——國際航業。

吳文繡在日亞拓展版圖的過程中無役不與，成了證券業界的熱門話題。她是東京證券交易所一百二十多年來首位女當家，當她第一次以日亞證券總裁和東證會員董事級股東身分，出席東京證券交易所董事會議時，曾引起現場極大騷動，與會的耆宿大老莫不瞠目結舌。因為日本的證券業從來沒有一家公司老闆是女性，而且還是一個年輕的外國女人。

吳文繡回憶說，面對那些充滿疑惑、驚奇的董事及主席，「我以微笑告訴他們這是事實」。那一年在東京的日亞證券拜訪這位女社長，在洋溢自信的言談中，她坦言對於台灣同鄉的造訪，有著讓人難以言喻的親切感，而我則對日本司機為她開車門的恭敬模樣，感到不可思議。那時候的珊卓拉，年僅三十八歲。

一九六三年出生於台灣的吳文繡，先後畢業於光仁中學、台大中文系，父親是上海人，曾當過電影製片廠廠長，母親則是本省人，她曾做過國際貿易，並負笈日本學習語言。一九九三年，她前往香港野村證券面試，這趟以勇氣挑戰的工作應徵，竟成了她人生的轉捩點，深受主管賞識的珊卓拉，後來隨著老闆離開野村闖蕩天下，襄助朝日啤酒登陸一役即是她的代表作。

吳文繡是典型的國際人，她嫻熟中、英、日三國語言，又懂上海話、廣東話及閩南話，在傳統「男尊女卑」的日本社會裡，開創出任何一個女性經營者都未曾有過的局面。然而，距離三十而立之年的香江行，也不過十六載的光景，那個要將業務從日本擴展到亞洲大中華圈的夢想，不僅已經實現，也讓「珊卓拉・吳」躍居職場巔峰，成為日本金融圈甚至東洋各大商社眼中的奇女子。

多年後，我試圖聯繫吳文繡，幾乎找不到她。珊卓拉忙碌得像顆轉個不停的陀螺，經常在日本、越南、新加坡和兩岸三地之間當空中飛人，我想起她告訴我的童年往事，她說，小時候常跟著父親在製片廠裡頭鑽進鑽出，好不快樂！如今，那個天真無邪的丫頭，已是一個獨自在大江大海中勇敢來去的商場巾幗了。

後記：台灣才女的心願

我在騎單車回報館的途中，接到立委柯建銘打來的電話，「你今天寫的吳文繡，我也認識，幾年前她回台灣洽談一筆投資合作案，我曾居間幫忙。」柯建銘講的是民進黨執政時期，吳文繡肯定也見了一些民進黨的領導人，只是不知道她有沒有再談到她的心願。

吳文繡曾在兩岸往返頻繁，對錯綜複雜的兩岸互動，感受非常深刻。二〇〇二年夏天，她跟我說，隨著兩岸沿海互相依賴越深，盤根錯節的經濟利益，將使台海不至於出現軍事衝突。八年過去了，世局發展不僅如她所言，兩岸關係大抵也是順著這樣的趨勢走，台灣才女的眼界，果然不一樣。

奔向天使的酷斯拉

那一年春天，是松井秀喜在大聯盟發展的第三年，在橫濱負責涉外事務的林桑問我：「有沒有興趣參加讀賣巨人的球迷會？」我二話不說，欣然應允。後樂園的東京巨蛋，雖去看過多回球賽，卻未曾有過球迷會的經驗，能見識一下日職豪門球團如何經營球迷，的確令人心動。

當時的我之所以常看巨人軍賽事，原因有二，一是人在東京佔地利之便，埼玉縣的西武球場、千葉縣羅德隊的海洋球場及橫濱海灣之星的主場，凡是位在首都圈內，球癡如我，足跡必至，卻終究不如後樂園來得近。位於明治神宮的養樂多燕子隊主場，在看過名捕古田敦也和球速一五八公里的強投五十嵐亮太後，似乎也沒有多大興趣。

另一個吸引我的因素，其實和多數球迷喜愛讀賣巨人的理由相同，除了歷史悠久、名將如雲之外，外號「哥吉拉（台灣稱為酷斯拉）」的前巨人軍強棒松井秀喜，在大聯盟第二年的精采表現，掀起東京街頭的「酷斯拉熱」，無疑才是我愛屋及烏的主因。

對我而言，松井秀喜已不再是九〇年代初次在東京巨蛋看球時，那個年輕生澀的四番強打者。二〇〇四年十月八日，我抵達朝日新聞研修的第一天，松井在季後賽首度開砲，那個球季他以單季三十一發全壘打、一百零八個打點，外加二成九八打擊率、五成二二長打率的成績，向紐約球迷展現酷斯拉的驚人火力。

那時候日本人對松井的著迷程度，不下於聲勢如日中天的鈴木一朗，儘管「天才打者」也剛創下單季二百六十二支安打的空前紀錄，並以三成七二打擊率拿下打擊王。但松井比鈴木幸運的是身處美國版的讀賣巨人，他在紐約洋基隊的第二年表現，令山姆大叔對日本野球改觀，原來崇尚堅忍、講究細膩的東洋棒球，不是只有巧打而已，也有足以抗衡黑船的巨砲。

棒子火燙的松井，意外地成為我和朝日同事聊天的話題。美聯冠軍戰洋基與紅襪對決，酷斯拉單場雙響砲，讓平日靜悄悄的辦公室爆出喝采，來自社會部的記者大塚盯著電視機畫面，北山局長、淺野幹事等人跟著即席發表評論，不知怎麼聊的，突然有人問起，台灣有哪些棒球好手在美國職棒發展？

即使不太熟識，我依舊努力地介紹道奇隊陳金鋒、洛磯隊曹錦輝兩位先後登上大聯盟的投打雙傑，並且不忘提及洋基小聯盟三A有一個潛力無窮的新秀，他將來很有可能變成松井的隊友。我指的是當時還名不見經傳的王建民，那時除了直覺，還有一股潛藏的民族意識，反正輸人不輸陣，先預告了再說。誰知道幾個月之後，在大聯盟春訓投得虎虎生風的建仔，於睡夢中被喚醒，經球團通知升上大聯盟，和酷斯拉一起並肩作戰。

在松井秀喜、王建民相繼被「邪惡帝國」放棄的此刻，回憶這段往事，令人感到五味雜陳。征戰大聯盟七年的酷斯拉，今年球季追平世界大賽單場最多打點紀錄，也成為世界大賽最有價值球員，而以指定打擊身分拿到MVP獎項，更是大聯盟史上第一次。但洋基最終選擇卻是不再續約。

曾為洋基立下汗馬功勞的王建民，處境亦是如此，洋基在商言商，完全無視於自家農場驕傲連續兩季十九勝的卓越貢獻。建仔在洋基將近十載的打拚，已然到了該說分手的時刻，許多台灣球迷因此呼朋引伴，要跟著王建民一起轉隊（王建民現已轉至華府國民隊），其實何止台灣，一些日本知名品牌早已吹響告別邪惡帝國的號角。

最先撤資的是松井的老東家《讀賣新聞》，包括豐田、索尼、卡西歐在內的日系企業，都將向大蘋果說「莎喲哪啦」，從洋基球場的廣告看板出走，然後隨著酷斯拉落腳加州天使隊的主場。有日本媒體急著替洋基算帳，找來運動行銷專家估算松井離開後，邪惡帝國至少損失十五億日圓，約五‧四億元的台幣。

松井秀喜是日本年度六款趣味人偶之一，風光程度直逼以「政權更迭」贏得民眾票選居冠的首相鳩山由紀夫，事實上，當他揮別東岸，選擇日裔佔有相當比例的大洛杉磯地區時，就已預告一股日本球迷的遷徙之風。

來自石川縣能美市的松井，曾被讚譽是「努力的天才」，他的故鄉有一座完整保留個人棒球史料的「松井秀喜資料館」，美輪美奐，與球星地位相得益彰，那是松井的原鄉，也是性格溫厚的酷斯拉奔向天使懷抱的動力。

我不禁懷念那年跟日本友人推薦建仔的心情，多麼希望他這次能在故鄉找到重回大聯盟的力量。

後記：還能在西岸看見55號嗎？

奔向加州天使隊的酷斯拉，在二〇一〇年球季結束後，繳出二成七四打擊率、二十一支全壘打、八十四打點的成績，與他歷年來在大聯盟的表現相比，松井本季其實並不差，但天使對指定打擊這個角色「期待」更多。看著三十六歲的松井年歲漸長，天使已不打算續約，洋基時代的老戰友阿布瑞尤，將取而代之。

在我的棒球帽中，有一頂是繡著「55」號和松井秀喜的英文簽名，那是我從東京巨蛋帶回來的收藏品。松井深受日本球迷的喜愛，尤其是不輸給大聯盟強打者的長程火力，讓他們頗感自豪。已成為自由球員的酷斯拉，依舊想要留在大聯盟，而且他最希望留在風和日麗的西岸打球，因為那有和家鄉相仿的氣候。

柔道女王的請命

因大規模召回事件而灰頭土臉的豐田汽車集團，最近派出日本「柔道女王」谷亮子，代為向政府請命，除了拜會內閣官房長官平野博文、民主黨幹事長小澤一郎之外，還提交請願書，希望首相鳩山由紀夫儘早和該集團社長豐田章男會談，以協助解決豐田的經營困境。

身著一席黑色套裝的谷亮子，像個超級信差般為老東家傳話，她是衰運連連的豐田汽車手中的王牌。對豐田而言，谷亮子是深獲人們信賴感的知名運動員，由她出馬請命，應可贏得社會大眾的認同與政治家的禮遇，並且有助於挽回無量下跌的豐田形象。

三十四歲的谷亮子隸屬豐田汽車旗下俱樂部，她不僅是日本柔道界的天后，也堪稱是當今最偉大的女子柔道選手。從十五歲在福岡國際大賽、全日本女子選拔賽嶄露頭角以來，「谷亮子」三個字就宛如優勝代名詞，在四十八公斤級（女子柔道最小級別）所向無敵，世界錦標賽六連霸、全日本及福岡國際皆十一連霸，加上連續五次挑戰奧運，拿下兩金、兩銀、一銅的輝煌成績，在柔道史上無人出其右。

身高僅一百四十六公分的谷亮子，本姓田村，在念小學一年級時因為兄長影響開始接觸柔道，她的個子雖小，卻經常把男生過肩摔，一九九二年巴塞隆納奧運，年僅十六歲的田村亮子，在四十八公斤級決賽中以些微差距落敗，獲得銀牌；相隔四年，亮子在一九九六年亞特蘭大奧運，再度與金牌擦肩而過，屈居亞軍。

當時的亮子稚氣未脫，每次出賽，頭上總是紮著一小撮造型像沖天炮的髮髻，適逢漫畫家浦澤直樹（代表作為《怪物》、《廿世紀少年》）的連載漫畫《YAWARA》（中譯為：以柔克剛或柔道英雌）風行，劇中主角柔道天才少女「豬熊柔」彷彿是亮子的翻版。由於還製播成動畫，每一集都在片尾為距離巴賽隆納奧運開幕倒數，家喻戶曉的「小柔」遂成為人們對田村亮子的暱稱。

儘管連續兩屆奧運在一片看好之下飲恨，但二〇〇〇年雪梨奧運，鍥而不捨的亮子終於得償夙願，拿下金牌；〇四年雅典奧運，已和職棒球星谷佳知（讀賣巨人明星外野手）結婚，並從夫姓的她，再度衛冕成功，將個人運動生涯推向最高峰。

不過，谷亮子真正讓民眾讚賞的，並不只是她的非凡戰績，而是她的精神與人生態度。尤其在二〇〇五年懷孕產子之後，她堅持自己帶小孩，利用練習空檔哺乳，那段育兒與訓練兼顧的艱辛歲月，讓外界看見她做為一個母親的生命韌性。

谷亮子說，她每天晚上都要起來給兒子餵奶，「和其他媽媽一樣，這對我而言，是一個繁重的任務，我每天都睡眠不足。」一直到國內奧運選拔會之前，谷亮子半夜裡還得兩度起來為十五個月大的寶貝兒子餵奶，但她從不喊累，甚至認為撫養孩子的辛苦將讓她更有信心重返賽事。

二〇〇八年北京奧運，三十二歲的谷亮子抱著「即使當了母親也要拿金牌」的信念出征，結果她在準決賽中不敵羅馬尼亞選手，背負國民的深切期待，卻以銅牌收場，媒體負面評論接踵而至。有人認為谷亮子應該引退，她的風光時代過去了。因為比起拿下金牌的兩屆奧運表現，體力與技術都被後人超越，已大不如前。

同情谷亮子的輿論當然也有，但重點是她自己怎麼看？在接受日本電視台訪問中，谷亮子含淚表示：「二〇一二年倫敦奧運，我還會再回來」、「只要我還能站在柔道台上，我就要比下去。」她不認為北京奧運是柔道生涯的分水嶺，「我一點也沒有挫敗的感覺」，言談之間，透露了她頑強鬥志和永不屈服的拚戰精神。

那年住友生命保險曾做了一項訪問調查，谷亮子在「名人・運動員」項目中排名第一，受訪民眾「敬佩她當了母親也不忘挑戰夢想的精神」、「奪取金牌獻給天下所有媽媽的勇氣」。在男性佔有主導地位的日本社會，勇於攜兒闖天涯的「柔道媽媽」谷亮子，因此被視為已婚女性的偶像，她的超人氣，甚且讓她成為豐田向政府遊說的使者。

谷亮子跟政府高層說，豐田的經營低迷，今後將影響日本經濟的GDP，並造成雇傭的大幅減少，日本政府不應僅是批評豐田的應對太慢或是它的企業體制。為了消費者的安全著想，還是必須盡快實現雙方的會談。

組織龐大的跨國企業卻指派身材嬌小的柔道選手當說客，此刻豐田汽車的重生之路，或許更需要谷亮子身上那股像母親一樣的堅忍特性和巨大能量吧！

後記：為參政捨棄「最愛」

在民主黨前幹事長小澤一郎的陪同下，谷亮子於二〇一〇年十月正式宣布退役，告別她最愛的柔道。谷亮子明白「魚與熊掌不可兼得」，已當上參議員的她，最終還是得在柔道和問政之間做出抉擇，幾經思量後，她決定放棄參加十一月舉行的「講道館盃」。這項柔道大賽攸關奧運資格的選拔，谷亮子在報名截止前夕引退，等於也是揮別二〇一二年的倫敦奧運。

谷亮子是日本家喻戶曉的運動明星，二〇一〇年夏天，民主黨徵召她角逐參議員，旋即順利當選，「柔道女王」從此成了看板人物。對於退役的選擇，谷亮子坦言「很難兼顧柔道訓練和議員生活」，首相菅直人則表示：「身為一個粉絲，我覺得很遺憾，但也希望她能在政治領域繼續努力。」

橋下徹的大阪維新

四月二日，在大阪府議會議場內，年僅四十歲的大阪府知事橋下徹，對著一群地方政府的高級官員訓示，在場二百多位課長級以上的大阪府幹部職員，人人西裝革履，面色凝重，橋下知事高聲宣布：「大阪維新開始！」

就在前一天，一項包括取消知事交際費、檢討公務員服務規律等改革方針在內的「大阪維新計畫」，正式在新的財政年度被提出。整個革新手法仿效民間，舉凡削減不當支出，嚴格管控成本，橋下向公務員喊話：「最大的戰鬥部隊就是在座各位，如果各位的指揮系統不正常，那麼政府運作也會不正常。」

兩年前，以三十八歲之齡入主大阪府的橋下徹，創下日本最年輕的現任知事紀錄，在此之前，他身兼律師和電視藝人雙重身分，因前任知事太田房江無意連任，遂以無黨派的清新形象投入選舉，獲得當時執政的自民黨、公明黨支持，從此走上參政之路。

來自名校早稻田大學的橋下，畢業後順利通過司法考試，一九九八年在大阪市北區開設法律事務所，隨即參與主持法律諮詢評論的電視節目，染著一頭茶色頭髮的橋下，由於造型前衛、言辭辛辣，頗受不少觀眾歡迎，很快成為具有全國知名度的話題人物。

身為媒體寵兒，又獲得執政聯盟的奧援，初生之犢的橋下徹，憑藉著「大阪要改變」的訴求，竟以壓倒性的票數擊敗民主黨推薦的前大阪大學教授熊谷貞俊。然而，橋下很快地發現他接手的大阪府面臨嚴重的財務困境，在就任之初，他以「諸位皆是破產會社的從業員」一詞向大阪府職員宣告，推動財政重建的決心。

大阪府面積僅一八九〇平方公里，是日本都道府縣中第二小的行政區域，但人口高達八百八十萬人，照理說，這座和東京都分庭抗禮的關西大城，財經體質應該不差，誰知道大阪府累計的財政赤字，已惡化到令人難以想像的地步，迫使橋下知事必須出面四處勸募，呼籲市民踴躍捐輸。

去年三月間，有位老太太受到橋下的「感召」，提著裝有一億日圓（約三千四百多萬台幣）的背包，在家人陪同下造訪大阪府辦公廳，主動表示要捐錢給大阪府。老太太直言，她聽到橋下知事談到財政窘困，決定捐錢抵稅回饋鄉里。

當了兩年地方首長，橋下的人氣始終高居不下，媒體民調顯示，他的支持度竟然超過八成，放眼近些年來汰換頻繁的日本政壇，不按牌理出牌甚至還帶著一點玩世不恭的橋下徹，彷彿是地方諸侯中一顆耀眼的政治明星。

不過，改革終究不能單憑一己之力，廿二位府議員籌組「大阪維新之會」，並且刻意選在四月一日正式成軍，這個力挺橋下改革的跨黨派議會團體，席次足以和自民、民主、公明三大政黨相抗衡，某種程度來說，等於是橋下的禁衛軍，為橋下倡議的「地方政府基本法」、實現大阪地域主權等改革目標而護盤。

日本的財政年度是從每年四月開始，新的人事、預算乃至中小學開學，也都是在這個櫻花盛開的季節，高舉「大阪維新」之旗的「橋下新黨」，讓橋下在府議會中不再勢單力薄，他向府廳主管嚴厲地指出：「不浪費稅金，堅持顧客至上的原則，歷任知事也都說了，但現在這些言辭皆可結束了。」

橋下認為，改革必須向民間學習，而且要脫離被寵壞的心態。他在召集府廳幹部精神講話的現場，布置相關的激勵口號，並要求改革項目應從細節著手，譬如禁止彩色影印的使用原則、辦公廳內全面禁菸，以及對抽菸時間的規範、員工病假天數的審查等措施。

打過英式橄欖球的橋下徹，明瞭影響改革的關鍵如同運動競賽，常存在於細微之處，他說，「意識改革就要從一張影印紙做起」，「在我的事務所內，事務局長對於影印經常是要在吵雜中一張一張的管理，努力地削減經費」，橋下強調：「假使不能對節省一張影印紙的經費有所體認，如何去意識到幾百萬、幾千萬的浪費呢？」

就像任何一場政府部門的改革運動，大阪府內支持、反對兩派聲音並陳，有人熱情贊成，也有人充滿疑惑。但無論如何，橋下為重整財政而大膽突破的改革政策，已在大阪府市町村長、議員、職員及民眾之間，掀起熱烈的回響和反應。

這是否很像台灣曾有過的城市改造經驗？比方台北市，戶政櫃台高度的調降，曾引來市民好評。然而，橋下徹的「大阪維新」，並不只是在搞城市治理而已，這個和高校同窗妻子育有三男四女的政治怪咖，正試圖以他的創意與民氣，顛覆那個保守封閉的文官體系。

台灣年底即將進行五都之戰，有志於角逐城市管理者，能從橋下徹的改革中獲得什麼樣的啟示呢？

後記：日本律師界的裴勇俊

橋下徹的前任太田房江是日本第一位女知事，她出身通產省官僚，前途原本一片看好，惜因金錢醜聞而放棄連任。橋下徹在這樣的背景下出線，他因長相帥氣且作風獨特，曾被形容是「律師界的裴勇俊」。橋下徹的大阪治理經驗頗為成功，除了改善財政赤字，在棘手的汙染問題上也繳出不錯的成績單。

日本政界看好橋下徹，遲早會揮師東京，不過，在此之前，橋下徹必須先通過大阪市長平松邦夫的挑戰，因為他們兩人為了大阪府、市是否合併為「大阪都」意見相左。二〇一〇年九月，橋下徹首次率團到台灣訪問，他在拜會高雄市長陳菊，還入境隨俗，暢談大阪府、市廳合併的主張，以提升城市競爭力。

岡田教頭的天堂路

在北京阜城門外大街攔下計程車之後，開車的師傅就顯得心不在焉，一路上他聚精會神地聆聽世足賽的電台轉播，藍武士和鬱金香的對戰戲碼，讓他似乎遺忘了乘客的目的地，即使我再三提醒下車處就位在朝陽門地鐵站附近。

平日車水馬龍的鬧區，不時可見三五成群的路人，圍攏在賣場架設的大型電視螢幕，還有商家乾脆將播報員的聲音對外放送，引來民眾駐足傾聽緊張的賽事，那景致很像台灣鄉下廟埕前的戲棚，或者全島掀起三級棒球熱的年代。

深怕錯過精采情節的司機，專注到把車子開得極緩慢，讓我穿越夏日夜未眠的北京街頭，不知不覺中完成一次見證二〇一〇世足魅力的庶民巡禮。

日本迎戰荷蘭之所以受到矚目，在於他們剛贏得史上首次世界盃的客場勝利。連續四次揮師世足的東洋軍團，以一比〇戰勝喀麥隆之後，主帥岡田武史隨即成了日本各大媒體的焦點，有人甚至將他的故事改編成漫畫在雜誌上連載。這位被球迷暱稱「小岡」的教頭，頓時成為全國偶像。

然而，在此之前四場熱身賽皆未嘗勝績，引發各界批評與質疑的聲浪，卻是讓二度執掌國家隊兵符的岡田武史，備感壓力。

五十四歲的岡田，出生於大阪，父親是一名婦產科醫生。童年時期的他，與大多數日本男孩一樣著迷於棒球，但因中學棒球的分級制度嚴謹，岡田未跨過門檻，在高中時轉入足球，進而嶄露頭角，被選入青年國家隊，參加在科威特舉辦的亞足青年錦標賽。

一九八〇年從早稻田大學畢業的同時，岡田就進入古河電氣工業（千葉電工前身），並且加入足球俱樂部。不過，岡田從大學時期就是屬於智慧型的後衛，一九八二年在印度新德里舉辦的亞運會，拜國家隊隊長前田秀樹受傷退出之賜，他幸運地遞補上場，並且在小組賽對陣南韓一役，踢進他在國家隊隊員生涯唯一的一次進球。

一九九〇年與德國拜仁慕尼黑隊的一場友誼賽，對卅四歲的岡田而言是一個轉捩點，儘管他的體能還保持巔峰狀態，但對手以二比一輕鬆獲勝，這讓岡田深刻體會到自己和歐洲球員之間的差距，他決定急流勇退，並開始思考找尋如何能讓日本球員在海外擊敗強勁對手的致勝之道。

岡田兩度擔任國家隊的總教練，都是臨危受命。第一次是一九九七年法國世界盃亞洲區預賽，日本隊戰績不佳、陷入危境，他接替下台的加茂周總綰軍令，先是力克南韓，繼之在加時賽淘汰伊朗，以逆轉之姿率隊首度闖入世界盃。但實力不足的日本，終究以三連敗收場，迫使岡田黯然引咎辭職。

二〇〇七年十一月，日本隊教頭奧西姆突然因腦梗塞昏迷住院，給了岡田二進宮的機會，他隨即信心滿滿地發出「闖進四強」的豪語。岡田說：「我們要讓世界震驚，看看二〇〇二年日韓世界盃，韓國隊不就闖進四強？」但此語一出，卻引來外界的冷嘲熱諷，尤其在熱身賽持續低迷的表現，甚至讓岡田一度向日本足協主席犬飼基口頭請辭。

重出江湖的岡田武史，幾乎是一路被日本媒體唱衰，當日本隊公布世界盃廿三人正選名單，並且展開集訓時，媒體竟以描寫中國解放軍死守至最後的戰爭電影《集結號》一詞來形容，顯示岡田領軍的日本隊是歷來最不被看好的藍武士。

然而，等到日本隊爆冷贏得首役之後，媒體報導紛紛改觀，球迷關注度急遽攀升，就連整個菅內閣都跟著跳起森巴舞蹈。當南非傳來捷報時，政府閣員喜不自勝，在內閣會議後的記者會上，相繼表露欣喜之情。譬如，國土交通大臣前原誠司興奮地說：「我高舉雙手振臂歡呼足足一分鐘，然後滿足地去睡覺。」

法務大臣千葉景子帶著感恩的語氣說：「我因此感到自己得到了對未來的希望和勇氣。」總務大臣原口一博則為忍辱負重的岡田講公道話，他說：「這是岡田教練在龐大壓力下，依舊信賴球員、賣力鑽研戰術的結果。」

六月廿五日，日本隊以三比一擊敗北歐強國丹麥，二度搶得十六強門票，媒體以「歷史正在上演」盛讚這項戰果。據說，當時比賽尾聲儘管已接近清晨五點半，但全國收視率卻狂飆到四成多，大阪道頓堀川上的戎橋，有人高呼萬歲集體跳進河裡；東京澀谷車站萬頭鑽動，球迷們激情慶祝狂歡。

幾年前，我在東京和朝日新聞的朋友聊天，他直言足球在日本的狂熱程度，已經超越棒球。對日本人來說，足球是全球最瘋狂的主流運動，而且要踢足球就得跟出神入化的巴西學習，但這不單單與巴西為數眾多的日裔移民有關，相反地，日本是打心底將巴西當作榜樣、典範，還邀來巴西名將奇哥在國家隊掛帥。

與橘衣大軍對決之前，岡田曾說：「九八年世界盃後，獲得連兩勝的球隊，百分之百都出線；相對地，第二場比賽失敗的球隊，則只有百分之五十出線成功，這是天堂和地域的分歧點。」

岡田很顯然已經跨越那個分歧點，迎向一條天堂路，而我覺得能身處在一個瘋足球的國度，那真是人生的幸福哪！

後記：是該找雕刻家的時候

日本在二〇一〇南非世足賽的奇幻之旅，最終在打進十六強之後劃下休止符，但卻是日本首次在海外世界盃分組賽中出線，而這已足夠讓岡田武史翻身，從原本被罵得臭頭到被捧上天，成為舉國上下都推崇的國家英雄。不過，岡田展現絕佳風範，把榮耀留給球員，然後在返國時向球迷致歉，為他贏得無比崇高的讚譽。

為這位名帥留下最佳註腳的是這段故事，一名英超兵工廠的教頭，曾向岡田說：「如果日本隊打進十六強，他們會為你在東京市中心建銅像。」《紐約時報》引述這番話並具體建議，「是該找雕刻家的時候！」我看到這則媒體報導時，不禁莞爾，從[illegible]岡田應該是點滴在心頭啊！

輯五　神様的使者——東京隨筆

2004.10～2005.4

天才打者與名捕的對決

正在如火如荼進行中的日本職棒總冠軍戰，不僅是兩位新人監督的首度對決，更是一場「天才打者與名捕的世紀對決」。由落合博滿領軍的中日隊與伊東勤總綰兵符的西武隊，在名古屋的兩場對戰互有勝負，雙方調兵遣將的激戰程度，印證了專家們先前的觀察與預測。

今年日職總冠軍系列戰的焦點，之所以集中在落合與伊東兩位監督的身上，一方面在於他們皆是出任教頭第一年，即各自帶領球隊過關斬將，分別贏得中央聯盟、太平洋聯盟冠軍，顯示督軍用兵皆有過人之處。二方面是兩人過去的職棒生涯相當亮眼，尤其落合曾拿下多次三冠王的輝煌紀錄，被讚譽為「自我流」的天才打者，而伊東勤則是西武連續稱霸日職時代的當家捕手，心思纖細，行事穩健。

落合與伊東相差八歲，當年伊東在職棒初登場的那一年，正是落合第一次拿到三冠王的球季。儘管落合已經在打擊區獨領風騷，但蹲在本壘板後方的伊東也開始展露他優異的指揮能力。兩人在一九八八年的系列戰曾經交手，當時伊東徹底貫徹教練要求他以內角配球對決的戰略，結果成功地壓制落合的砲火，西武最後以四勝一敗的戰績登上總冠軍寶座。

初次擔任總教頭的落合與伊東，在今年球季中不但大膽起用新人，更打造出別具特色的球隊風格。落合率領的中日隊雖然是今年央盟全壘打量產最少的球隊，但卻是盜壘數最多、三振數最少的球隊，顯示中日是一支具有速度、壓迫力且打線平均連貫的球隊。尤其擔任一、二棒的荒木博雅與井端弘和，被視為當前日職最完美的二游組合，也因為落合的信任，荒木、井端與第二場揮出全壘打的老將立浪和義形成中日攻勢的發動機。

相較之下，伊東督陣的西武隊則是維持投手陣容完整且攻擊火力集中的特性，今年西武在聯盟的公式戰成績雖屈居第二，但季後賽先以二比一取得與火腿對戰的勝利，再以三勝二敗的成績挑戰大榮成功，說明西武的韌性與戰鬥力逐漸調整至高峰。

此外，走了松井稼頭央這門巨砲之後，伊東也發掘

了中島裕之、赤田將吾等年輕球員，進而率隊打進總冠軍的系列戰。

雙方在前兩戰的對決，算是各擅勝場、平分秋色。伊東首戰推出今年球季僅拿到一勝的石井貴，憑藉的是石井曾打過總冠軍戰的經驗，盼能出奇制勝，果然也讓他賭對了。詎料，人算不如天算，第二場西武由王牌松坂大輔掛帥卻馬失前蹄，反倒是中日將士用命，在名古屋鄉親面前演出精采的逆轉戲碼。

對中日而言，擊垮松坂防線意義非凡，落合在獲勝時受訪說：「打敗松坂才是真正的勝利！」其用意自然在鼓舞年輕球員的信心，盼能克服心理障礙揮師關東。至於伊東，在名古屋首役時已展現了身經百戰的經驗，他抓住裁判一次嚴重的錯誤，擺出「得理不饒人」的姿態，不但使球賽中斷四十九分鐘，更逼得裁判組必須史無前例地公開道歉，以此例看來，捕手出身的伊東，確實深諳現場氣勢的掌握。

系列戰的第三回今日移師西武主場，從東海道赴首都圈作客的中日，將與擁有主場優勢的對手展開三連戰。隨著龍獅之戰的白熱化，究竟是「天才打者」能為中日贏得闊別半個世紀的總冠軍？還是「名捕」可以帶領西武重登暌違十二年之久的王座？已然是入秋之後的東瀛最熱門的話題了。

超越時空的感情

念小五的哥哥興奮地在電話裡報告：「爸爸，安打、安打，興農牛得兩分了！」台北那頭同時傳來他弟弟激動的吶喊聲。九局上半張家浩石破天驚的一擊，讓平手的僵局出現峰迴路轉的變化，身處在北國的一端，透過越洋電話的連線轉播，也同步感受到那股隨著球賽起伏的雀躍之情。

這就是棒球迷人的地方。即使是位在遙遠國度，那纏繞白球的紅線依舊可以將分隔兩地的心一針一線地緊緊縫合。電影《黑洞頻率》一片中，父子倆經由無線電頻率穿越時空，回憶三十年前一場偉大的美職球賽，以及兩人夜裡在路燈下接球的溫馨畫面，彷彿就在那一刻飄洋過海而來。

今年美、日、台三地的職棒球季，雖然隨著台灣職棒總冠軍戰的落幕，劃下了休止符，卻已經為球迷們留下許多膾炙人口的經典賽事。無論是演出空前大逆轉的波士頓紅襪隊，睽違十二年的「日本第一」西武隊，或者是成軍已逾十載首度封王的興農牛，他們的勝利都歷經了漫長的等待，而且這樣的等待背後，都有著淚水與汗水交織的感人故事。

打破八十六年魔咒的紅襪隊，當然是今年全球棒球迷最津津樂道的「奇蹟」，尤其紅襪與洋基對戰的精采賽事，更是紅襪球迷「三代都講不完」的棒球經。紅襪王牌投手席林浴血奮戰的英勇表現，幾乎成為日、台職棒主力投手效法的榜樣，像西武的松坂大輔和興農牛的陽建福，兩人分別在七戰四勝中兩次登板先發，關鍵時刻還要上場救援，前一天已投了一三四球的松坂照樣飆球速，裹傷上陣的阿福甚至在第六戰中繼投出球速一五五公里的新紀錄。

擺脫罷工陰霾的日職系列戰，兩軍激戰程度也不遑多讓，代表關東的西武獅，與來自東海道的中日龍，與台灣職棒牛獅大戰的戲碼如出一轍，都是整整鏖戰了七回合，才分出勝負，而且封王的地點恰巧皆是在對手主場。領軍的新人監督伊東勤，在獲勝接受訪問時眼眶泛紅，道盡他們一路從季後賽打進來的艱辛。至於近四次爭冠有三次皆敗給西武的中日隊，黯然退場之際，也將繼續他們苦等「日本第一」已有半世紀之久的漫漫長路。

最晚登場的台灣職棒總冠軍戰，無疑是為今年的「棒球祭」留下一個美好的句點。從前身俊國熊集合奧運銀牌主力的球隊開始，十多年來三度挑戰總冠軍失利的興農牛，終於得償夙願。投手教練蔡重光在決戰前夕鼓勵球員講的那番話，「人在痛苦的時候會生智慧、人在窮困的時候會生鬥志，人在沒有退路的時候會生智慧與鬥志！」則不啻是詮釋棒球精神的最佳註腳。

堅強的意志力與旺盛的鬥志，固然是總冠軍球隊共同的寫照，但在棒球國度裡最令人敬重的球員，還是那種兢兢業業帶著使命感的棒球人。今年隨美國大聯盟明星隊訪日的「火箭人」克萊門斯，明年仍將站在投手丘，為自己的家鄉休士頓效命，這位已經四十二歲的七屆賽揚獎得主，上週在東洋出場受到的歡迎，已被視為一種「典範」，現場球迷不吝給他滿場的喝采。

可以說，從美國、日本到台灣，棒球已然是時代的共同記憶，社會的共同語言，也因為有棒球，情感的力量才可以穿過時空、跨越鴻溝，回到過去、連結未來，並且見證了「合作」的價值與「運動」的真諦。

去年總冠軍爭霸戰，興農牛兵敗天母的那一場球賽，兩個孩子正好在看台上目睹陽建福被擊出再見安打而淚灑投手丘的一幕，我相信他們對當時興農牛群飲恨台北的傷心場景，一定印象深刻。如今，綠色彩帶拋出的剎那，球員與教頭激動相擁，有人開懷而笑，也有人喜極而泣，這回換我提醒孩子們說：「你要記住這樣的畫面，因為這就是棒球！」

台灣來的大風

早晨一種類似烏鴉的鳥鳴聲，喚醒了沉睡中的我，「怎麼在車水馬龍的東京市區裡，也有這種大鳴大放的鳥呢？」我問自己。然而，低沉、沙啞的鳥聲催人醒，我輾轉終究不得其眠而入，望向窗邊，確定自己「真的是在東京了」。

旅遊導覽的書本，如此寫著：「日本橋是全國街道的起點」，從江戶時代開始，日本橋就是經濟文化發展的起源，也是陸路與河路的終點。書中描述，江戶的城市規劃是以常盤橋至淺草橋的方向為橫軸，而日本橋大道為直軸的基準。換句話說，我住的地方既是東京的起點，也是日本早年運輸與經濟文化的中心。

就這麼巧，我的日本之行，也正好從這裡展開。

《朝日新聞》為我安排的宿舍位在日本橋的人形町，一間六米巷道上的現代化出租公寓。巷口與人形町通交會的地方，有一家星巴克，可以喝到與台灣口味沒什麼兩樣的咖啡，人形町附近有超市、藥局、小酒館、拉麵店及雜貨店，想要解決民生問題，堪稱便利。

從宿舍步行到人形町的地鐵站，僅需三分鐘不到，搭都營的淺草線去築地的朝日新聞總社，過了兩站，約十來分鐘，就可到達東銀座，然後沿著晴海通，繞過銀座的新橋演舞場，就可以到達已經有一百多年歷史的報社。

著名的築地中央魚貨買賣市場，就位於《朝日新聞》的對面，緊臨著有觀光汽船行駛的隅田川。聽說市場的「場外」有很多令人垂涎欲滴的美食，我心裡盤算，那天要起個大清早，趕去魚市場逛，看看魚貨拍賣的熱絡交易，順便就近在那裡大快朵頤一番。

二十二號颱風是今天一整天的新聞焦點，電視台的氣象報告說，這是近十年來侵襲關東最大的颱風，預估下午五點暴風圈的位置，將在東京灣外，迫近首都圈。

對一個台灣來的媒體人而言，鎮日看著電視台播報的颱風消息，不免感到汗顏。NHK的新聞不斷播放颱風的最新動向，包括各地雨量、災情、交通及救難等相關訊息，唯一沒有出現的就是手持麥克風的記者，更不要說有隻身涉水宛如馬戲團表演般的「新聞藝人」了。

我頂著雨勢，外出採購日常用品，然後在星巴克啜飲一杯拿鐵。細細地品味這迎接我的二十二號颱風。昨晚的計程車司機說，日本人之所以稱颱風為「台風」，那是因為日本的颱風都是從台灣方向吹來的大風。

有意思嗎？秋天的豪雨，台灣的大風，老天爺竟是如此盛情地迎接我的到來。

走過東京的秋天

東京的秋天悄悄地結束了。

早稻田大隈講堂前的銀杏樹林道，落得滿地金黃，校園裡成排的枝椏開始進入冬眠。八王子鳥山庭院的楓葉，開得燦爛豔紅，彷彿是告別秋天前的謝幕曲。駒場舊侯爵官邸洋館後方的圓形廣場，層層的落葉鋪成一座柔軟的大床，旅人恣意地躺在這裡，享受冬日午後暖暖的陽光。

朋友都說，東京的秋天最美，很適合漫步旅行。然而，再美的季節終究也有接近尾聲的時候，望著逐漸逝去的美景和轉為蕭瑟的街頭。我知道，秋天的腳步已經遠離了。

我常在東京旅行，就像許多東京人一樣，只要假日好天氣，總要背起行囊往戶外走去。或許你會說，東京都內能算是旅行嗎？我的回答是「那要看你帶著什麼樣的心情」，即便是街衢巷弄，也會有柳暗花明的景致，更何況真正的東京，不見得都是高樓大廈，不見得都是車水馬龍。只要轉個彎、繞個路，你就會發現身處在另一個世界，而繁華塵囂卻可能僅在一牆之隔。

《漫步東京》是我在都市隨身攜帶的旅行指南針，這本朝日同事在我初抵東京的第一天就送我的書，成為我在這個大都會必備的休閒手冊。《漫步東京》精心規劃了從都心到下町的三十九條散步路線，並且依照個人的體力、時間、喜好和季節變化做區分，以方便選擇適合的散步行程。

譬如說，如果你有半天的時間，想去看看與文化、歷史、文學有關的景點，而且又能欣賞到楓葉、銀杏的地方，那麼屬於大眾化路線的上野、湯島路線，就是不錯的選項。事實上，在美術館、博物館群聚的上野恩賜公園，就可以待上一整天，這裡不僅是東京人休閒的最佳去處，鄰近的阿美（アメ）橫丁市集，更是呈現東京庶民文化的寫照。

之所以特別提到阿美橫丁，那是因為這個充滿活力的市集很值得一遊。它依著繁忙的JR線，有點像超大型的光華商場味道，賣的東西從衣物、鞋子、電器、鐘錶、藥品、化妝品、南北貨甚至到軍用品，形形色色、無奇不有，更重要的是物美價廉，尤其海鮮的拍賣幾乎令人想像不到的便宜。走在雜貨美食林立，叫賣聲此

早稻田大學大隈講堂。

起彼落的擁擠人潮裡，我彷彿置身台北的迪化街或高雄的堀江商場，熱鬧中有著家鄉的親切。

但東京秋天的美，畢竟不在人群的喧囂，而是在於市街裡隱藏的寧靜。有一回，我前往護國寺欣賞楓葉後，按著手冊走入迷巷般的雜司谷，意外地發覺這個街道的靜謐之美，對一個從台灣來的陌生旅客而言，這裡是體會東京平民住宅建築的場域，安靜的巷道，平實的房屋，傳統的鮮魚店、素樸的水果攤，讓人感受了另一份東京的美。我在彎曲的巷弄漫步，一路逛到有夏目漱石、永井荷風、小泉八雲等文人墓地的靈園，也從這與住宅緊臨的墓園裡領略了日本人獨特的生死觀。

銀杏是東京最常見的樹木，名氣最大的首推青山通上神宮外苑的銀杏並木（行道樹），不過，早稻田和東大駒場校園裡的銀杏，卻讓我留下更深刻的印象。也許是到訪的季節和當日天氣有別，神宮外苑銀杏並木雖然壯觀，但去了三次，總未見到兩旁銀杏全部轉黃，倒是早大與東大的校園內，一眼望去宛若絢爛的黃金海，在季風吹動下，那銀杏落葉的聲音，像是一首晚秋的安眠曲。

東京的秋天真的結束了。日落時間的不斷提前，告訴我，美好的時光總是來去匆匆、稍縱即逝，只留下歲月的記憶。然而，朋友問我，下一次的旅行是什麼時候呢？我還沒有回答，但我想大約在冬季吧！

久松小學運動會

孩童嘻笑、吶喊的加油聲，不斷地從窗外穿透進來，彷彿呼喚沉睡中的我。翻開被子，決定起身一探究竟，聞聲漫步來到與宿舍近在咫尺的兒童公園，這才發覺我走進了一大群孩子的歡樂天地，而且是一種似曾相識的氛圍。

原來「吹笛人」是隔鄰的久松小學，就在與小公園比鄰的操場上，充滿歡笑、趣味和活力的運動會正在熱烈地進行中。

久松小學在十月十日舉辦運動會，與四十年前的東京奧運有關，當年日本人為了紀念這一個日本從戰後逐漸站起來的日子，特地全國放假一天，並稱為「運動之日」，很多日本學校都選在這天辦運動會。今年因為剛好連著周休二日，順延一天形成了三天假期，也讓我這個外來的訪客還沒有機會感受到東京的忙碌腳步。

一位朋友告訴我，台灣的學校之所以都在秋天舉辦運動會，其實是沿襲日治時期的習慣，因為秋高氣爽，是一個適合舉辦運動會的季節。這不僅讓我想起自己讀書時參加運動會的經驗，也對比了台灣乏人聞問的「體育節」，看來日本能成為體育強國，不是毫無道理的。

也許是在都會區的緣故，使得一場熱鬧的小學運動會格外地引人注目。颱風過後的人形町街道，顯得空空蕩蕩，寂靜得不像繁華的東京，然而，校園裡孩子們此起彼落的喧譁聲，卻像是一陣陣爆開來的火樹銀花，劃過寧靜的天空，燃燒了寂寥的旅情。

我猜想，自己看到的久松小學運動會，應該就是典型的日本小學運動會模式，一種有師生、家長及社區共同參與的精神在裡頭。學校旁邊有一所久松警署，除了協助將公園旁的街道封起來之外，還派人在場維持安全。然後，家長們各

久松小學運動會。

自帶著涼椅、墊子和零食、飲料，或在公園、或在巷道，席地而坐，許多熱心家長也充當義工，負責進出場及周邊的秩序。

以前看日本卡通《櫻桃小丸子》，常有以學校運動會為背景的故事，《電視冠軍》裡小學生的挑戰，也有類似學童集體身穿運動服追趕跑跳的鏡頭，而今我就在東京的市中心，看到這種很庶民生活的一面。孩子們的接力賽跑，大人們的趣味競賽，甚至連全校學生繞著操場跳傳統舞蹈的步伐與手勢，都跟小丸子比手畫腳的情節一模一樣。

我越看越著迷，趕緊回家拿了相機，想要拍下這些親、師、生打成一片的難得畫面。詎料，中國製的電池卻在此時發生狀況，照不到兩張就沒電，換了再換，依舊如此，我不死心，轉身再去超商買。就這樣，我幾度進出運動會的圍觀人群，搞得跟現場家長一樣投入，或許真有人以為我是學生家長，否則怎麼沒有人問起，這個無聊男子為何跑來跑去，到底在忙什麼？

是啊！我在忙什麼？久松小學的一隅，我雖然像是個意外闖進來的旅客，但卻在這裡找到了再熟悉不過的臉孔，那一張張跟我的孩子相仿的純真笑容。

搖曳在東京灣懷裡

雪白的浪花從兩側船舷拍打上來，濺溼了衣襟，也澆醒了睡意。剛駛離灣岸碼頭時洋溢著愉悅的心情，開始顯得有些不安，然而，在天空自由飛翔的海鳥，從海面躍出如水中芭蕾舞般的魚兒，海面上美麗的浮光掠影，卻又讓人對這趟的「海釣之旅」充滿了興奮的期待。

十月十七日上午八點四十五分，東京灣內陰天多雲、風速五級，距離橫濱港口大約有三、四海里之遠的外海，已有好幾艘下錨的漁船正在享受垂釣之樂。雖然一大早天未亮就出門，但看來從東京風塵僕僕趕來的我們，遇到了更早起的「鳥兒」了。

清晨六點，我從人形町的地鐵站出發，在新橋站轉JR的京濱東北線，然後搭往品川方向的快車。前一天晚間，朝日新聞的淺野先生怕我這個初來乍到的東京新鮮人迷路，除了準備了詳細的路線情報之外，還不厭其煩地畫圖解說一番。其實，歐吉桑連起床時間、步行時數及搭地鐵接駁的班車時刻，都幫我寫得一清二楚，我只需按圖索驥、照表操課，即可輕鬆抵達目的，他的擔憂顯然是多慮了。

在大森站與淺野會合之後，隨即開車直趨橫濱，同行的還有韓國東亞日報駐東京特派員趙憲注，這位留著一臉落腮鬍的粗獷男子，與南韓前大統領金大中同鄉，都是全羅南道人。自行前往灣岸碼頭和我們碰頭的佐佐木先生，則是朝日新聞系統小組的技術人員。

橫濱灣岸是一個專供帆船、遊艇停靠的小港，淺野、佐佐木和朝日新聞的三位同事在這裡合資買了一艘小型遊艇，作為他們假日休閒時出海釣魚之用。灣岸的設備齊全、管理完善，採會員制的方式也讓碼頭的進出受到管制，服務區內還有潔淨的淋浴設施，可供歸來的釣客洗盡一身的海風、魚腥味。

對一個幾乎未曾嘗試過海釣的人來講，如何學習長時間適應搖晃的海面，本身就是個難度不小的課題，更何況是迷你小船碰上五級風浪，那種隨著船的擺動搖到外婆橋的感覺，實在是難以忘懷的初體驗。原本老神在在的趙大鬍子，後來就不堪天南地北的折騰，趴在船尾一吐為快。

不過，即使波浪翻滾，海釣依舊是一件迷人的娛樂。當拉起第一尾魚時，那樣的喜悅確實是令人感動的，此後下竿幾乎每釣必上，壓根兒不知道海釣竟是如此簡單容易，或者應該這麼說，東京灣裡的魚兒肥腴且數量豐富，僅僅一個多鐘頭，就釣了十五、六尾魚，有適合拌番茄汁的鯖魚，也有適合做道地沙西米的鮪魚，讓我樂不可支。

熱心的淺野，根本無暇自己下竿，他在船尾為我和韓國佬釣上的魚兒卸鉤，左右兩邊移動，就夠忙碌了。守在船首的佐佐木，已是海釣老手，他一人單兵作戰，下竿如神，好像從未空手收鉤。值得一提的是，佐佐木釣了三尾河豚，這種魚雖是日本料理的上等材料，但處理很費時費力，需要專門工夫，我們決定放棄，「縱魚歸海」。但河豚老兄上鉤時肚子鼓起如刺蝟般的模樣，好像氣得老羞成怒似的畫面，至今仍令我印象深刻。

接近中午時分，大鬍子不堪體力，淺野提議打道回府，這位歐吉桑後來在碼頭邊，持小刀處理魚兒的俐落手法，又讓我大開眼界。如果不是這趟旅行，我怎麼樣也不會將記者和打漁郎兩個角色聯想在一起，和善的歐吉桑顯然也為我上了一堂如何享受人生的課程。

什麼是享受的人生呢？我在回程的途中告訴自己：「灰濛濛的天空，滄茫茫的大海，一葉扁舟搖曳在東京灣的懷裡，就是一種真實的享受。」

東京灣。

神様的使者

親愛的威威、球球：

天還沒有亮，爸爸就背起行囊出門了。今天淺野先生邀我一起去橫濱海釣，這是我來日本之後第二次出海釣魚。在新橋車站等候電車時，有一個熟悉的身影從我面前經過，牠以優雅自在的飛行姿勢，低空穿越清晨寂靜的月台，然後停在另一邊月台的屋頂上。我目視著像紙飛機般滑翔的行跡，不禁羨慕起這座人鳥和平共處的城市。

那個展翅飛翔的黑影是烏鴉，在東京旅行時，牠是最常陪伴我的街頭朋友。剛抵達東京的第二天，我就是被牠吵醒的，後來牠渾厚響亮的叫聲，每每成為喚我起床的鬧鐘。爸爸曾經在第一篇記錄自己旅日生活的雜文裡，提到這種特殊的經驗，結果有位朋友回信告訴我，東京的烏鴉將是我未來回憶東京時最鮮明的印象。對照我每日走在東京街頭都有這位老兄蹤影的景致，看來牠的確與城市的記憶已經緊緊結合，而且是早晚相隨，伴我走天涯。

我喜歡稱呼烏鴉是「黑鳥」，因為牠實在黑得不像話，在我的成長記憶裡，第一次看到成群結隊的烏鴉，是在南投的霧社。有一年夏天，我跑到山上去找舅舅，在山區的道路旁，發現一群黑鳥沿著電線桿排排站，聲勢頗為嚇人，舅舅說整個霧社山區都是牠們的影子，當時的黑鳥記憶讓我與希區考克❶的電影做了聯想，因為烏鴉的背後似乎總是帶著恐怖或者不吉祥的預兆。

但是在日本，烏鴉卻被當成是一種吉祥的鳥，這跟牠在中國民間的觀感，或是西方文化的認知完全不同。淺野先生向我說明，在日本古老的神話故事裡，烏鴉被形容是「神樣的使者」，牠的出現往往是帶著神的旨喻。這樣的說法可真的顛覆了黑鳥在我心中的定位，原來烏鴉是負責為神傳話的鳥，換句話說，黑鳥是日本人心目中的「神鳥」。

東京的烏鴉。

既然是神鳥，應該也會有神蹟的傳說，而且至少要跟神有關。爸爸到日本快一個月了，沒有發現黑鳥和神蹟關連的傳說，倒是有一回在明治神宮❷聽到響徹林間的烏鴉聲，當下直覺東京最大的黑鳥組織一定在這裡，因為牠們以護衛天皇英靈為名，在十六萬株的參天古木中祕密發展、壯大，進而肆無忌憚地盤據了神宮和隔壁的代代木公園。

這是我在行經南參道時，對黑鳥組織的想像，只有這樣才能夠解釋何以森林中有這麼龐大的烏鴉群？不然牠們也不會像開露天演唱會一樣，用力盡情地歡唱，那聒噪喧譁的聲浪幾乎讓人忘記了公園原本該有的靜謐。

對我來說，霧社的黑鳥是年少青春的記憶，那年夏天獨自騎摩托車上清境農場，在路旁偶遇的身影，多年之後，又在東京的街頭相逢，但這回牠們已變成都市的留鳥，從幽靜的人形町到熱鬧的築地市場，無處不見那飛快的黑影劃過天際。

有一次，我從慶應大學附近的日語學校下課，走在櫻田通上抬頭剛好發現黑鳥停歇在路牌，牠的背後就是高聳的東京鐵塔，那一刻我想起在大都會中行俠仗義的蝙蝠俠，說不定下回我真的可以找到和「神樣的使者」有關的傳奇故事。

願你們一生都平安、快樂！

爸爸寫於二〇〇四年十一月七日東京，十一月八日完稿

❶希區考克：他是西方知名的電影導演，因為擅長拍攝劇情緊張懸疑的影片，而被稱為「緊張大師」或「驚悚大師」。

❷明治神宮：日本有天皇制度，這座神社是為奠祭明治天皇和昭憲皇太后所建，佔地廣大，林蔭遮天，裡頭有日本第一大的鳥居。明治天皇時代推行維新運動，是日本邁入西化的關鍵，每年十一月三日是他的誕生紀念日。後來明治節廢止改為文化之日（文化節）。

我住在螞蟻窩

親愛的威威、球球：

今天爸爸想跟你們說一個我在東京生活的觀察心得。

你們看過螞蟻窩吧？特別是螞蟻在地底下的生活情形，有些圖畫書在描寫螞蟻的生活時，會在地上畫好幾個螞蟻窩，然後地面下就好像一個巨大的迷宮。很多條路連接了這些螞蟻窩，螞蟻們忙碌的穿梭，而且從來都不會撞在一起。

每天，我走在東京街頭，總是會想起圖畫故事裡的螞蟻窩。東京是一個有一千二百萬人❶的世界大城市，大約佔全國人口比例的十分之一。由於人口密集，使得交通成為一大問題，因此政府在這座城市興建了便利的大眾運輸系統，包括在地面跑的電車和在地底下走的地鐵❷。

東京都內的地鐵有十三條，而連接地鐵的各種公營、民營鐵道也超過十條以上。你們可以想像這些鐵道路線交織而成的地圖，會是一張多麼龐大、複雜的蜘蛛網，令人看得眼花撩亂，有人說，東京地鐵和紐約地鐵並稱是全世界兩個最複雜的地鐵網，我剛好去過紐約，感覺上東京可能還要更複雜些。

忙碌的地鐵交通是東京人的生活文化之一。爸爸每天出門搭地鐵，都會看到許許多多的上班族、學生或者購物的主婦、洽公的商人，穿梭在地鐵站與電車之間，他們行色匆匆，很少看到悠閒的步伐，連帶地我也被影響，走起路來比在台灣還要快。這很像地底下的螞蟻，每個人都往前，即使腳步慢的人都好像會被推著往前走，但有趣的是，他們彷彿都有觸角一般，知道前方有人，從來都不會出現碰撞的場景。

東京的地鐵站更是一項奇景，如東京、新宿、池袋等大型的地鐵站，複雜到讓你搞不清楚東西南北，有些地鐵站在地下有四、五層之多，工程之浩大讓我歎為觀止，但往往走路的時間比搭車時間還要久。有些地鐵站是四、五條線交叉的中心，經常得站在入口處看懂路線圖，才能決定該搭那條線，別忘了，還得記住下車地點及前一站的站名，以免錯過下車的車站。

在螞蟻窩的觀察是極為有趣的，那裡是東京人的另一個世界。大型的地鐵站多半與百貨公司相連，形成了一個又一個繁榮熱鬧的地下街，超市、餐廳、咖啡廳、書報攤和百貨賣場到處都是，在這裡可以購物、約會、逛街，完全跟地面上的活動相同。即使是小一點的地鐵站，也都有方便購物或休憩歇腳的場所。

總之，繁忙的地鐵是東京人生活的寫照之一，而我在螞蟻窩生活已經一個多月了，每天除了觀察螞蟻們的動態之外，我自己也不知不覺地成為螞蟻王國的一員。

下回，我再告訴你們，這個螞蟻窩還發生了什麼有趣的故事吧！

希望你們也可以告訴我，一個和自己有關的生活心得，好嗎？

爸爸寫於東京二〇〇四年十一月二十二日

❶日本由本州、四國、九州和北海道四個島嶼組成，最大的島是本州，全國有一億二千六百萬人，首都東京一千兩百萬人。

❷日本有很多便利舒適的大眾運輸，其中跑得最快的是新幹線，平均時速超過二百公里以上，台灣二〇〇五年完成的高速鐵路，使用的就是跟日本新幹線相同的列車，從台北到高雄只要九十分鐘。

永遠的二十四歲

Dear 威威、球球：

你們喜歡漫畫嗎？爸爸小時候很喜歡看漫畫，尤其喜愛連載漫畫。我們那個年代最有名的是《王子》月刊，印象中曾經連載過小白獅和一隻忠勇無比的狼犬故事（我忘了名字），每每看得津津有味。至於諸葛四郎、鐵面人、牛伯伯與大嬸婆等本土漫畫，因為已接近後期，似乎不太流行了。

與電視卡通同步走進我的童年的漫畫人物，首推是堪稱漫畫界的長青樹——《小叮噹》（也就是你們現在看的《哆啦A夢》），哆啦日文原意是老虎，夢與門同音，我認為翻譯成「虎哥的門」，再恰當不過了）。那時候藤子不二雄的《小叮噹》是同學之間非常搶手的漫畫，人手一冊，搶手得很。此外，前幾年剛過五十歲生日的「原子小金剛」，也是當時很有人氣的漫畫角色。

我發現孩提時代喜歡的漫畫大部分都是出自手塚治蟲，他的作品還有刻畫人性深刻的《怪醫秦博士》（又翻譯為《怪醫黑傑克》）與《三眼神童》。尤其是密醫出身的秦博士，手塚藉由這個表面冷酷實則充滿正義感的醫術高手，對醫界各種光怪陸離的荒謬現象提出批判、嘲諷，震撼力實在不下於現在熱門的日劇《白色巨塔》❶。

不過，談到藤子不二雄和手塚治蟲，爸爸今天想跟你們介紹的是另一個享有「國民漫畫家」之稱的長谷川町子。上個禮拜，在寄宿家庭平岡夫婦的陪同下，我前往位在世田谷區櫻新町商店街的「長谷川町子美術館」參觀，方才認識這位作風平實、行事低調的漫畫家，以及她筆下永遠二十四歲的「莎莎耶小姐」（另一翻譯名稱為「螺江小姐」，日文為「サザエさん」）。

「莎莎耶小姐」是日本戰後非常受到歡迎的四格漫畫，原作者長谷川町子創作了一位素樸開朗的女性「莎莎耶」（其實也是她的自畫像），以她為中心的故事，敘述的雖是日本一般家庭的生活點滴，卻是真實地反映了庶民社會的面貌。充滿風趣、智慧的莎莎耶，與她的弟弟、爸媽和周遭鄰居、朋友的互動，不僅貼近民間的心聲，也成為小人物生活的縮影。

一九四九年十一月三十日，「莎莎耶小姐」在《朝日新聞》的晚報開始登場，此後整整連載了二十五年、六千四百七十七回，「莎莎耶小姐」不但是小市民的代言人，也是上班族的潤滑劑。五〇、六〇年代的日本社會，與台灣相同，當時一切都是為經濟全力打拚，每個家庭都是埋

日本街頭的「莎莎耶小姐」。

頭苦幹，民間生活顯得苦悶緊繃，「莎莎耶小姐」的出現，讓社會找到紓解壓力的出口，許多人為「莎莎耶小姐」的幽默感而絕倒。

父親早逝的長谷川町子，天生就具有敏銳的洞察力與豐富的創作力，她和姊姊毬子很早就肩負起家庭生計，然而，這並沒有阻礙喜愛繪畫的長谷川姊妹在美術上的發展，毬子的油畫與町子的漫畫，後來雙雙受到外界的矚目。「莎莎耶小姐」名氣大噪之後，就由他們成立的「姊妹社」出版，顯見兩人姊妹情深。

一九六九年，「莎莎耶小姐」電視卡通片問世，至今每個禮拜天下午都還在富士電視台播放，已經連續播放三十五個年頭。如果從報紙連載算起，「莎莎耶小姐」無疑是日本最長壽的漫畫人物，而長谷川町子也因此成為家喻戶曉的「國民漫畫家」，後來她又創作了另一個性格鮮明的人物「いじわるばあさん」（惡婆婆），一位故意使壞、刁難人家的日本歐巴桑。

「惡婆婆」並不是真的壞心腸，而是一個喜歡惡作劇的老太婆。長谷川町子成功地塑造了這個漫畫角色，竟然引起社會大眾的熱烈回響，後來被搬上螢幕，拍成電視劇，捧紅了一位在劇中男扮女裝飾演「いじわるばあさん」的演員青島幸男。有趣的是，青島演而優則仕，出馬參選東京都知事，還高票當選，成為街頭巷尾的話題。

一輩子都沒有結婚的長谷川町子，直到病逝之前都投入她的最愛——漫畫創作，最後町子選擇在長年世居的世田谷區設置美術館，除了保存個人的手稿之外，也展示她畢生收藏的珍貴畫作，絕大部分都是日本畫家。世田谷區居民則以擁有這樣一位獲頒「國民榮譽賞」❷的藝術家為榮，特地將從美術館延伸的街道命名為「莎莎耶路」。

跟你們講了一個和漫畫家有關的故事，雖然故事有點長，有些複雜，但我想你們慢慢就會懂了。因為當爸爸站在「莎莎耶路」的街道上，看著安靜的住宅區裡，人們優閒的漫步，刻著漫畫主角的石柱旁，孩子笑得燦爛無邪，那個「永遠二十四歲」的女孩夢想，其實已悄悄地在世田谷區萌芽了。

爸爸寫於東京二〇〇五年三月十五日

❶《白色巨塔》是一齣相當風行的日本電視劇，敘述發生在醫院裡的種種故事，有描繪善惡交織的人性，也有探討醫病關係的問題。不過，對你們來說，日劇還是太複雜了，以後長大了再研究吧！

❷「國民榮譽賞」是日本政府創設的榮譽獎項，用以獎勵對國家、社會有所貢獻的國民，第一位獲得國民榮譽賞的是有「世界全壘打王」之譽的巨人隊球員王貞治，他曾任福岡大榮鷹隊監督（總教練），終生持有中華民國護照。

咖啡店前的看門貓

親愛的威威、球球：

還記得大胖黑貓的故事嗎？那隻教海鷗飛行的貓啊！每次爸爸經過住家附近的老式咖啡店，看到「虎哥」、「豹弟」這兩隻棕色的大胖貓時，總會想起以前跟你們講的床邊故事。

「虎哥」和「豹弟」是一對哥倆好的花貓，在我住的這條巷子裡，虎豹兄弟算是「地頭貓」，牠們經常街頭巷尾隨處走動，彷彿把富澤町❶當作是牠們的地盤。其實，這兩隻花貓長得好像雙胞胎，不仔細看還真分不出來，我習慣將長尾巴的貓叫「虎哥」，短尾巴則是「豹弟」。

和我住的公寓相隔不到十公尺的咖啡店，就是虎豹兄弟的家。這是一家老婆婆開的咖啡店，上午十點半才開門，下午四點就休息，一天營業六個鐘頭不到，老婆婆似乎是將開咖啡店視為退休工作，每天只賣中餐，而且跟鄰近串燒店、星巴克、居酒屋和高級料理餐廳相比，她將菜單寫在門外的白板上告知客人的作法，簡直是跟古早人

咖啡館前的虎豹兄弟。

沒什麼兩樣。

除了「虎哥」和「豹弟」之外，還有一隻褐白相混的貓，偶爾牠也會出現在門前，和虎豹兄弟並肩站衛兵。有一天假日，我出門要去日比谷公園❷散步，碰巧看到三隻貓哥、貓弟和貓姐在咖啡店門前曬太陽。秋天午後燦爛的陽光，灑在緊閉的格子門窗，那三隻臭皮貓湊在一起，或蹲、或臥、或站，慵懶的姿勢和休息中的咖啡店，形成靜巷裡最饒富趣味的畫面。

對許多動物來說，整潔乾淨的東京是一個適合他們居住的地方。「虎哥」和「豹弟」住的這條巷子，還有些人家養貓，隔壁的洗衣店常常有一隻花貓就坐在櫃台上，安靜地陪著老闆燙衣服。對面擺了兩部大型自動販賣機的商店，也常見到一隻黑貓在門口溜達。

在東京，幾乎看不到流浪狗、流浪貓。所以，不會像台北街頭一樣，出門會踩到狗大便，半夜不會聽到貓兒淒厲的叫聲。可是東京不是沒有貓、狗的蹤影，東京的狗狗很好命，我在大街上、公園裡碰到的狗，都是人們的寵物，像最近東京天氣變冷了，飼主還會幫牠們穿上各式各樣的保暖衣物，那像台灣滿街的遊貓、遊狗們，一切都得自力更生。

貓和狗是人類最常豢養的動物，我常想如果貓狗可以生活得很自在舒適，那麼不僅代表這是一個很適合居住的環境，也是一個進步文明的社會。事實上，不只東京的貓狗過得很幸福，神田川的水鴨、水道橋下的錦鯉，乃至皇宮廣場上的鴿子，都讓我發現這座城市對生態保育的重視。在東京這樣的大都會，人類與動物是和平相處的，尤其當人們試圖為動物營造一個適合生存的自然環境時，無疑也為自己留下了一片淨土。

有天晚上我下班回家，經過老婆婆的咖啡店，「虎哥」與「豹弟」還沒睡覺，正肆無忌憚地在門前玩耍。你們看過躺在地上四腳朝天的貓嗎？我看到了，而且牠們還發現有個陌生人看他們的眼神充滿羨慕，但貓眼一瞪之後，又逕自「懶貓打滾」去了。

爸爸寫於東京二〇〇四年十一月二十九日

❶ 我住的地方雖是富澤町，但應屬人形町。在日本，町是最小的行政單位，有點像台灣的村里，台北的西門町就是延續日據時代的地名而來。

❷ 日比谷公園是日本第一座西洋式的公園，至今約屆滿一百年，公園裡頭有大噴水池、音樂堂、圖書館。過了內堀通和壕溝（古時的護城河），就是皇居（天皇住的地方）。

天涯相逢半世紀

以前不太相信「咫尺天涯」這句話，總覺得那只是形容詞罷了。然而，作為第一個造訪日本新聞勞連的台灣媒體記者，這才發現從台北到東京不過三個小時航程的路途，卻真的走了半個世紀。

二〇〇四年十二月八日傍晚，我前往位在東京千代田區的日本新聞勞連（新聞勞動組合連合）本部拜會。此行是透過前中時記者廖瑞宜的居間聯繫，由於她的先生佐藤是新聞勞連的核心幹部，因此在我赴日不久之後，就提出希望造訪新聞勞連的要求，幸賴佐藤的熱心奔走，促成這次的拜會活動。

與我同行的還有在東京大學攻讀人類學的台灣留學生陳景揚。抵達新聞勞連之前，我跟景揚聊了到「人生何處不相逢」的奇妙經驗，他丈二金剛摸不著頭緒，但也沒有聯想到我的暗示，待與瑞宜會合後才恍然大悟。原來景揚與瑞宜都是東海大學社會系畢業的校友，景揚高瑞宜一屆，兩人離開校園後沒有聯繫，只知道彼此好像都到了東京，結果學長、學妹卻意外地在異鄉重逢。

他鄉遇故知的喜悅不在話下，也為我的「新聞勞連之行」揭開序幕。出面接待的新聞勞連幹部，包括中央執行委員長（即會長）美浦克教、中央副執行委員長（副會長）大西省三、書記長（秘書長）花井孝及國際事務的秘書及川小姐。雖然素未謀面，但新聞勞連的核心幹部全都到場，讓我這位遠道而來的異鄉人，也感受到他們的誠意與熱情。

在拜會過程中，我表達此行的三個重點：一是代表台灣記協前來訪問，並轉達會長問候之意，希望與日本新聞勞連進行交流；二是邀請新聞勞連參加明年五月在台灣舉辦的記協十週年活動，研討會的主題內容與新聞自由、民主發展有關；三是針對工商時報曠文琪因新聞報導遭鴻海假扣押一案，尋求新聞勞連的聲援。我並強調，這次拜會是雙方團體第一次的正式接觸，期待未來能夠有更密切的聯繫與交流。

新聞勞連的美浦會長相當客氣，除了表達歡迎之意，也認為這是一次相當具有歷史意義的會晤。席間，我特別提及今年十一月在漢城舉辦的「東亞論壇」，台灣遭受到主辦單位韓國記協不平等待遇的案例，與新聞勞連交換意見。我表示，韓國記協不尊重台灣記協為國際記者聯盟（ＩＦＪ）的事實，為討好非ＩＦＪ會員的中國記協，竟在未事先知會我方的情況下，逕自在大會上更改我代表團的名稱為「中華台北」，嚴重違反台灣作為ＩＦＪ會員的權益。

美浦會長回應說，他對此事件也有所了解，認為韓國方面的作法極不妥當。他也舉例說明韓國記協處理事情的手法過於粗糙，如日本新聞勞連此次應邀出席論壇，行前並不知道韓國記協打算成立「亞洲記者聯盟」的構想，結果抵達之後，韓國即提出此議，並表明要推日本當龍頭，將來聯盟總部設在日本，亦即由日本負責出錢、出力。

對於韓國記協的提議，日本新聞勞連並不領情，因為一來有先斬後奏的感覺，並未尊重日本的意見；二來在IFJ之外另行成立「亞洲記者聯盟」有無必要？是否形成多頭馬車？都值得商榷。美浦會長還說，在論壇上發生台灣記協名稱的問題，以及醞釀成立「亞洲記者聯盟」的想法，讓日本方面頗不以為然，他還一度婉拒跟韓國記協的人握手。

至於曠文琪的案子，日本新聞勞連聽完之後，都覺得不可思議，並咸認這種事情不可能在日本發生。因為如果真的對新聞報導有意見，決定訴諸法律途徑，或者採取抗議手段，一定是針對媒體而不是記者個人。最後，美浦會長同意我提出的請求，願意就此案進行跨國界的聲援。

大約半個鐘頭的會談極為愉快自在，我代表記協致贈來自九二一重建災區的紀念品，那是一只以台灣為造型的竹製文鎮，深具台灣本土的特色；而新聞勞連則回贈他們團體特有的紀念徽章和領帶別針。在日本共同通訊社任職二十二年的美浦會長後來在晚宴時提到，「很多日本人都忘記今天是偷襲珍珠港的日子，你的到訪具有歷史性。」我笑說，「那麼我是在這一天『偷襲』東京囉！」

當晚，我心裡不斷思考美浦會長這番話的意涵。六十多年前的十二月八日，太平洋戰爭開打，促使日本走向戰敗的命運，這的確是日本人記取戰爭教訓不能或忘的；六十多年後的十二月八日，我獨自來到東京，因緣際會地拜訪新聞勞連，既是為了替十年記協邁出期待許久的一步，也是為台灣民間打開一扇國際交流的窗。

其實，我和美浦會長們都同意，「從台北到東京，這麼近的地方，這一步卻走了五十年，確實也太久了。」我們當下雙方應允將來要進行更密切的互動，因為記者團體之間的交流應該是跨越國界的，而新聞工作者所堅持的不外乎民主、自由、人權三大信念，這正是台日雙方新聞組織未來交流的共同基礎。

對於我的慷慨陳言，新聞勞連的朋友也大為贊同，我們在會後的餐敘，無不敞開心胸，暢所欲言，而「台灣」幾乎成了我們共同的話題。無巧不成書，美浦會長帶我們去的餐廳是一家店名叫「台北」的台灣料理，老闆娘是從台灣板橋來的山東人，而喝的酒又是台灣公賣局專門做外銷的「淡麗紹興酒」。

或許我應該說：「人生何處不相逢，相逢就在轉眼間。」因為酒是從台灣來的，菜是有台灣口味的道地料理，加上兩個東大（東海大學）校友在場陪伴，那一夜遠渡重洋來結盟的濃濃友誼，盡在豪氣干雲的觥籌之間，而天涯原來真的就在眼前！

跨國的新聞交流。

雨後的國境之島

離開與那國空港時，天空正飄著濛濛細雨，我回頭看著燈火通明的候機室，發現自己對於這座小島竟有一種不捨的感覺。冬日雨後的離島，顯得寂寥而悽美，踩在潮溼的停機坪上，迎著寒冷的東北季風，我踏上了歸途。

從沖繩回到東京已經兩個禮拜了，但是我始終沒有忘記揮別與那國島的景象。那回首雨中的空港，令我心生不知何時還會再來造訪「國境之島」的悵然，一直迴盪在心中。即使我告訴自己，島嶼的旅行已經結束了，然而，熟悉的島影依舊浮現在我腦海裡。

握著麥克風的前楚，深情地唱著〈雨夜花〉，他的閩南語咬字不是很精確，但唱歌的模樣已到了渾然忘我的境界。這已經是他今晚第三次在我面前唱〈雨夜花〉了，先前他還載歌載舞地唱起原住民的歌〈娜魯灣〉，然後激動地握著我的手，高喊「台灣是我最好的朋友」！

在與那國町公所社會福利課擔任課長的前楚，有著濃濃的台灣情結，他胖胖的身軀走起路來好像恐龍，顯得有些遲緩，但遇到從台灣來的訪客，卻高興得像一隻快樂亂撞的小鹿。用晚餐時，前楚不斷地撥打他的手機給花蓮的徐老師，急著要告訴他的好友說，他現在正跟台灣來的朋友在一起。

我可以體會前楚的興奮。距離東京二千多公里的與那國島，位在日本最西端的島嶼，即使是一般的日本國民都很少去過，更何況是一位「外國人」呢？雖然這個「外國人」是來自距離與那國島最近的國家，一個僅僅一百十一公里遠之外的島國。對前楚而言，我從他熟悉而且有著深厚感情的島嶼來，自然有著無比的親切。

從地圖上看，台灣和與那國島的確近在咫尺，離與那國最近的地方是宜蘭，大約是南方澳的位置。與那國出身的作家大浦太郎，曾經在以描寫家鄉為主的《密貿易島》一書中，提到與那國島在二次大戰後，因美軍託管而面臨分歧的歸屬問題時，曾出現是否要與台灣合併的討論。當時的與那國，徘徊在祖國戰敗與琉球能否獨立的十字路口，與台灣合併的論調，成為他們的另一個選擇。

然而，即便合併的聲音甚囂塵上，甚至還曾由醫師出身的長老仲嵩嘉尚帶著村裡要上書蔣介石的陳情書，前往台灣，但與那國終究還是維持了現狀。不過，這個因敗戰引發價值觀改變的議論，卻意外地促進了與那國內部的民主啟蒙。

戰前的與那國和台灣關係是極為密切的，雙方不僅自由通行、往來頻繁，甚至在歷史文化、經濟活動也有許多的關連性。「與那國民俗資料文物館」的老婆婆，在為我們導覽館內保存的文物時，曾介紹許多與台灣相關的物品，包括碗盤、航海燈和農村常見的石磨等，無不刻畫著與那國與台灣曾經有過的共生歲月。

人口凋零的與那國，像是一座遺世獨立的島嶼，有著跟台灣墾丁相同的草原牧場。島上除了有著廣大無際的草原之外，還有恣意地在公路和牧場裡穿梭的與那國馬和與那國牛，當你開車環島一圈行經牧場時，就會看到一路點綴的牛糞、馬便，如果巧遇牛哥馬弟要穿越「馬」路（好像真的是牠們的路），必須停車禮讓，當然車速不能過快，否則撞到這些每隻都有編號設籍的牛頭馬面，那就吃不完兜著走。

跟其他離島相同，與那國島也是一間大型的自然生態教室。這裡被稱為「蝶之島」，五顏六色的彩蝶與水鳥棲息的溼地，展現了島嶼獨特的生物種類。但與那國最近更引人矚目的是如謎樣般的海底遺跡，在南海岸新川鼻斷崖底下，約水深五至二十五公尺的海底，有一處東西約一百公尺、南北寬約三十公尺、高約二十五公尺疑似宮殿的遺跡，考古學家研判這是傳說中的古代都市。不管考證為何，海底遺跡已經為與那國島增添些許神秘感。

聽說天氣晴朗時，站在與那國島的西崎燈塔，可以看見遠方浮在海面上的台灣，可是我的造訪適逢雨天，以致無緣一睹波瀾壯闊的故鄉島影。我天真地幻想著，下回重返這座小島時，不再是搭飛機由東京來，而是從對岸的南方澳出海，乘著漁船飄洋渡海，駛入久良部港。

因為，我真的很希望再聽那位與那國島的朋友唱〈雨夜花〉。

芭蕉布的三線

鳩間先生撥動懷裡的三線，一首首輕快的沖繩民謠，在「芭蕉布」的三人彈唱組合中流動。伴著暗淡的燈光，輕快愉悅的歌聲，鼕鼕的扁鼓和小板敲打出一室的懷舊之情。

從京都來蓄著落腮鬍的日本歐吉桑，和同行的女伴隨著音樂興高采烈地擺動，他們試著模仿沖繩傳統舞蹈，高舉轉圈的手勢和原地挪移的舞步，隨那一首首樂曲緩緩地敘說島嶼的浪漫。

這是熱鬧喧譁的「石垣島之夜」，一群好客的台灣同鄉，在結束晚餐後，熱情地邀請我和淺野來到當地頗負盛名的民謠酒吧，欣賞沖繩傳統的文化表演。酒吧老闆鳩間夫婦親自上場擔綱演出，他們有點像自娛自唱的民間藝人，流暢的樂風在彈指間跳躍，而訪客只要點杯燒酌，就可以享受這沖繩道地的民謠之聲。

在沖繩，民謠已經是生活的方式，沖繩人不管會不會彈三線，家裡都會擺上一把。相傳這種在東京叫「三味線」的琴，源自十五世紀的中國三弦，經過改良後，琴身由蛇皮變為貓皮，音色由圓潤轉為鏗鏘。有人形容，三線是沖繩文化的代表，其實，那三線的演變與琴聲的背後，都刻畫著沖繩的顛沛流離和坎坷命運。

說沖繩民謠的故事，不能不提及喜納昌吉、平安隆、安室奈美惠、Kiroro、Cocco及最近當紅的夏川里美等幾位代表性的歌手。他們因為有家鄉的孕育，對世界唱出沖繩的美麗；而家鄉也因為他們的歌聲，向世界綻放了沖繩的光芒。

現年五十七歲的喜納昌吉，出身音樂世家，他被視為引領沖繩民謠走向全球的關鍵人物。喜納和他帶領的Champlooe樂團將搖滾、雷鬼、非洲藍調、加勒比海等樂風注入傳統沖繩民謠，掀起一陣風靡海內外無數歌迷的浪潮。周華健的〈花心〉，即翻唱自他們創作的民謠〈花〉，而事實上，這首歌也被翻唱成多國語言。

喜納昌吉創作的民謠，不僅諷刺時政，也帶著濃厚的反戰精神。這位第一個將沖繩民謠插電的歌手，從七〇年代提出「以樂器代替武器」的名言以來，始終堅持和平反戰的理念。喜納目前是民主黨比例代表制的參議員，他依然留著長長的捲髮，喜歡穿黑色皮衣，戴著粗大的項鍊，國會手冊上的照片，怎麼看都像是一位搖滾歌手，完全顛覆了一般國會議員西裝革履的傳統打扮。

主張沖繩獨立的喜納，反對美軍在琉球設置基地，認為沖繩應該由聯合國和平部隊駐防。喜納曾經來過台灣，在他的想法裡，台灣、西藏、巴勒斯坦這些追求獨立的地方都應該獨立，堅持和平的他，不斷疾呼人類要放棄侵略，用樂器、歌聲來代替武器、砲聲。無疑地，喜納已成為沖繩反戰文化的代言人。

走在宮古、石垣、與那國等島嶼，讓人感受到沖繩人因飽嘗戰爭苦難而散發出來的光熱，沖繩民謠歌手的驚人成績與獨特風格，就是最好的例證。

「Kiroro」是一個女子雙重唱，她們被讚譽為「最舒服的歌聲」。玉城千春與金城綾乃原本是高中同窗，即將分別那一年，為了紀念她們的友情，跑去錄音間錄下她們共同創作的歌，後來意外地引起主流唱片公司的注目，結果震撼了整個音樂界。她們曾創下日本音樂界多項紀錄，包括只有在沖繩發行的單曲〈長久〉，竟然賣到一萬張，還被選為年度春季高校甲子園選拔大賽的開幕曲。

已經隱退的「Cocco」更是特立獨行的天才創作歌手，歌迷形容她「只喜歡唱歌，不喜歡穿鞋，家中沒有電視、電話，不喜歡上電視、不接受訪問，但幾年來每張專輯一樣賣出百萬成績。」兩年前，她突然決定退出歌壇，回到沖繩老家去賣餅、畫畫，去年她曾出來開演唱會，外界以為她要復出，結果她是為了家鄉的環保問題而舉辦一場「與垃圾大戰」的音樂會。

主張「沒有音樂就沒有生命」的Cocco，是日本流行音樂界不世出的搖滾女詩人，她獨自創作民謠，很早就嶄露頭角，卻又在最燦爛的時候急流勇退，令歌迷惋惜不已。從明星木村拓哉將自己的女兒取名和Cocco發音相同的「心美」，即可看出這位歌手的魅力。

民謠是沖繩的生命，哪裡的「島唄」（即島嶼之歌），有著島嶼迷人的魅力。我在島嶼旅行，深深地被那穿透心靈的歌聲所吸引、感動。聽沖繩民謠，讓我想起台灣的民歌，那個曾經高喊「唱自己的歌、聽自己的歌」的年代，一個重拾自我認同卻已遠離的年代。

什麼時候，我們也有屬於自己的三味線、自己的方言歌，像夏川里美一樣，歌詠浪花、星光，和那飄著海風味道的「美麗的島嶼」呢？

聽見她的歌聲

你看過青春篇的麒麟啤酒廣告嗎？那個對著老式麥克風，深情款款地唱著〈望春風〉的年輕女孩，輕輕地啜飲一口啤酒後，抹去嘴唇上的泡沫說：「我是一番榨，你是幾番榨呢？」

冬日傍晚，我在東京友人家裡遇見了啤酒廣告裡唱歌的女孩，她的個子纖瘦嬌小，長得眉清目秀，穿著淺藍色的牛仔褲和紅橘方格子相間的毛線衣，紮著馬尾的俐落造型，渾身散發著一股瀟灑清麗的學生氣息。

早在去年抵達日本之後，我就想見「一青窈」。除了她有一半的台灣人血統之外，麒麟啤酒廣告中那則令人印象深刻的青春廣告，無疑是我對她感到好奇的主要原因。有人形容她是日本新生代的「療傷歌姬」，這位自己寫詞的音樂人，經常在她的歌曲裡表達她對已逝雙親的追憶，預定四月出版的最新專輯《影踏み》（踩影子），這首單曲描述的就是她對父親的思念之情。出身名校的一青窈，是日本近些年相當走紅的歌手，她因為兼具創作與歌唱的才華，而被歌壇讚譽為有濃厚文藝氣質的「詩人歌手」。當初發現她的唱片製作人，聽到她的歌聲時讚嘆不已，認為她是繼沖繩歌手Cocco之後另一位才華洋溢的音樂天才。事實上，一青窈從出道以來的歌曲都是自己寫詞，大部分的歌曲都充滿對幸福滿懷期待的感覺。

一青窈是在台北念完幼稚園之後才移民日本，小學三年級時，她跑去聽了一場室外音樂會，然後下定決心「總有一天一定要站在高高的山崗，在大庭廣眾前歌唱。」最後她畢業於慶應大學環境情報學部，初入歌壇就展現不凡的創作天賦和歌唱才華，引起外界矚目。在一青窈的創作歌曲中，父親的身影是她成長記憶裡最深刻的依戀，許多歌詞都與因懷念雙親而延伸的情感有關。一首在九一一事件之後有感而發創作的〈花木心〉，祈禱人與人之間的情誼可以百年不渝，因旋律優美、歌詞感人，成為日本新人婚禮的指定曲之一。

對於這樣一位幾乎囊括日本各種音樂大賞，而且與台灣又有深厚淵源的歌手，我自然相當好奇，初抵東京不久旋即透過管道提出訪問的要求，無奈卻遲遲未能獲得正面回覆。然而，由於一青窈在紀念小津安二郎百歲冥誕的電影作品《咖啡時光》（由侯孝賢執導）中擔綱演出不俗，她的傳奇身世及對台灣的特殊情感，更增添我希望與她會面的期待。

此刻，一青窈就坐在我旁邊，而我如同台灣的歌迷一般，當下拿出筆來請她簽名留念。她的簽名很有意思，好像小女孩畫圖一樣，在漫畫式的簽名裡畫了一隻小鳥，然後寫下百年不渝的祝福話語。這是一青窈的獨特風格，我在她天真無邪的簽名中看

一青窈的簽名。

見她懷念親情的細膩心思。

「我爸爸姓顏，基隆人，如果是中文姓名，就叫『顏窈』。」知道我是來自台灣的記者之後，一青窈如此介紹。「基隆顏家？跟那個台灣早年知名的四大家族有關嗎？」我好奇地發問，「不知道耶，叔叔就住在新生南路，靠近信義路口，那裡有鼎泰豐。」「這麼巧，我也有親戚住在新生南路，台大附近。」話匣子打開後，我們天南地北的聊起來。

「妳的〈望春風〉唱得不錯，很有味道。尤其是妳唱歌時的轉音，很自然，那讓我想起台灣的台語女歌手江蕙。」「是嗎？我最欣賞的是朝崎郁惠和森山直太朗，他們唱得非常好。」一旁的鋼琴家聽到我們的對話，轉身拿了一張森山直太朗的〈櫻花〉播放，我突然發覺眼前這位年輕歌手，除了自身擁有的才華之外，懂得欣賞別人的優點，或許更是她成功的原因。

那一夜，與一青窈聊得很開心，她專輯的歌曲一首又一首地在燈光柔和的客廳裡迴盪，我聽她的歌，與她談音樂，聊遠在海那一端共同熟悉的島國。不知怎麼地，我想起她的父親，一個飄洋過海來到東瀛的台灣青年，那經歷異國的戀情，返鄉的路途，還有心愛的女兒……。

而獨自闖蕩歌壇的一青窈，那源源不斷的創作靈感，是否就是源自父親曾經悄悄地埋下的美好種子，如今已經隨著春風的吹拂綻放美麗燦爛的花朵呢？

打開二十年的祕密

如果朋友之間有一個祕密，而且一方不曾說過，另一方也從不知情，在塵封了二十年之後，突然被一個陌生人打開了，那是什麼樣的感覺呢？

我正是那個陌生人。打開的是兩個淺野先生的祕密，在他們相交二十年過程中，「淺野」這個姓氏是他們共同的交集，只是有一方從未開口說，「淺野」是他家族本來的姓氏。

這故事說來有點像「克拉瑪對克拉瑪」的味道，不過，「淺野對淺野」是兩個報社同事，而且感情甚篤，與電影《克拉瑪對克拉瑪》劇情中的怨偶截然不同。兩位淺野先生的一位叫「淺野千明」，現在是朝日新聞亞洲研究網的幹事，至於另一位淺野先生現在是叫「原學」，目前擔任朝日新聞國際部編輯委員。他們兩人同年，淺野千明的生日比原學早幾個月，所以後者還必須稱前者為兄長。

淺野千明是我在《朝日新聞》研究期間的協助者，他像保母一般地照顧我，原學與淺野千明交情很好，有時兩位歐吉桑會聯袂請我吃飯。三十年前，原學曾經到過台灣，在木柵的政大念書並且學習中文，他的印象裡，當時政治大學四周「草長得跟人一樣高，而且蛇特別多」。

我第一次去有樂町電車橋下著名的串燒店，就是他們兩位一起帶我去的。那天剛好是農曆除夕，我跟著他們從報社步行去有樂町，為了尋找位在橋墩底下兩旁人聲鼎沸的串燒店，還費了不少工夫。據說在那裡，可以窺見日本上班族下班後的典型生活，不論男女，人人大口喝酒、啖雞肉、吃串燒，因為物廉價美，令許多上班族趨之若鶩。

淺野與原學結識於二十年前的一次報社內部考試，當時淺野要從名古屋本社的整理部請調回東京本社的國際部，從聯合國進入朝日新聞工作的原學，恰巧擔任主考官，從此兩人結下不解之緣。後來，淺野與原學一起在國際部共事，因趣味相投而結為莫逆。

原學的父親叫「原勝」，早年曾在中國大陸做過「黑幕」（即情報工作），應該是類似日本政府的海外情報員。據說，當時原勝待過許多的地方，包括外國人最為活躍的上海在內，關於原勝的故事，原學沒有多談，但他倒是提到父親有位熟識的朋友，我聽到此人的大名之後，直覺像是從歷史裡走出來的人。

喜好中國文化的原勝，因為興趣和工作需要結識不少文人雅士，原學口中的父親好友是民初知名的作家魯迅。我知道原勝和魯迅相熟之後，即頗感興趣，不過，讓我更訝異的是，原學後來提到魯迅曾經題詩贈給他父親的一段往事，那次在包括淺野千明在內的三人晚宴中，原學意外地道出他二十年來不曾跟淺野千明講過的祕密。

隨著我即將返台，那天晚上原學提議要為我送別，三人相約一起去吃晚飯。當天我們天南地北聊得很盡興，酒過三巡之後，淺野提到他與原學兩人從一九八五年結識至今，已經是二十年的戰友，有著濃密深厚的友誼。

原學在旁邊直點頭，他又聊到父親原勝與魯迅交情不錯的往事，而且魯迅還特地寫了一首詩送他的父親。原學突然接著說，其實他父親本來的姓氏是「淺野」，所以他跟好友本來應該是同一個姓氏，淺野千明聞言，眼睛睜大地直呼「真的嗎？」一副不敢置信的樣子。

我跟著詢問說：「那為什麼二十年來，你都不曾跟淺野先生說呢？」原學兩手一攤笑笑地回稱：「這沒有什麼特別的，而且我也沒有想到要講。」意外發現這個祕密後，兩個同年（一九四七年出生）且生日僅相差一個月的「淺野先生」，當晚更是以兄弟相稱，把酒言歡，好不快意。

隔了幾天，我從北海道旅行回來之後，原學興沖沖地帶著他口中的「傳家之寶」到報社，向我展示他珍藏的魯迅筆墨。那是一九三六年（丙子）春天，魯迅抄錄唐朝詩人杜牧的〈江南春〉，贈與的對象是「淺野先生」，落款處還有魯迅的印鑑。

我微笑地看著原學和他視為瑰寶的文人筆墨，想像那「千里鶯啼綠映紅，水村山郭酒旗風，南朝四百八十寺，多少樓台煙雨中」的意境，一位日本情報員和一位中國左翼作家在十里洋場的異國情誼……。

〔跋〕

熟悉的陌生人

吳念眞

小時候習慣的畫面、聲音以及許多微妙的氛圍，現在回想起來倒都成了有點超現實的世界。

在那個世界裡，「日本」好像比台北離我們更近。

下工的叔叔伯伯習慣穿著內衣和竹紗的七分褲、日式的木屐，而且不論寒暑都習慣圍著淡咖啡色的羊毛「肚圍」，一如山田洋次的電影裡的寅次郎。

大人的交談裡台語混雜大量的日文，演歌、尺八演奏的聲音隨時在山谷中的村落裡迴盪；黃昏時刻，必然有人把收音機轉到短波收聽日本放送的新聞，儘管收訊斷斷續續，但沒有訊號時的水流聲似乎也成了一種情境。

日本明星不僅僅出現在戲院的銀幕上，甚至成了家家戶戶的牆上每天盯著你生活的人，石原裕次郎、小林旭、美空雲雀、若尾文子甚至當時才剛出道的吉永小百合幾乎無所不在；家裡睡覺的位子甚至以日本電影的小海報做區隔，我的頭頂是《愛染桂》，弟弟的是《請問芳名》。

對在這樣的世界裡成長的我們來說，日本，就像在日據時代出生並且接受日本教育的父親那一個世代的人一樣，既熟悉卻陌生，如此相近卻又遙不可及。

做為台灣第一代的「哈日族」，父親們的那一個世代其實是一群歷史、文化的孤兒——他們和日本的文化關係在統治者的轉換過程中被活生生地斬斷，並且和他們的子女在教育過程裡所被灌輸的日本意象相悖相離，於是在漫長的一段時光裡，他們對日本文化和產品的眷念、信任和熱愛，在新的統治階層、甚至他們的子女的眼中竟是比「崇洋」更不堪的「昧日」的、被「奴化」的一群。

而今，年輕的一代對日本文化和產品的熱愛和追求，已然毫無負擔地成為時尚，親眼目睹這種漸進的變革，並且在成長（或逐漸老去）的過程裡自覺或不自覺地讓許多日本事物進入生活之中的我們這一代，對日本這個國度的理解卻一如孩提時代一般，彷彿熟悉其實陌生，感覺相近其實遙不可及。

有個朋友說的好，日本這個國家對台灣來說就如一個遠距的愛人，上一代依戀的是曾經的青春與情感，下一代迷戀的則是它絢麗的風光、與各式精緻的產品（當然包括流行文化），而始終陌生和遙遠的，則是對人、對他們的生活的深入理解。

我不知道瑞昌是不是也看到這個盲點，所以長時間以來，他以獨特的角度和新聞工作者特有的敏感嗅覺帶引我們去認識這個遠距愛人真實的面貌，和她日常生活的腳步和內容，讓我們終能跳脫一廂情願的愛憎情仇，而以貼身的觀察去理解這個和我們關係最為密切的國度。

對我來說，這應該是瑞昌的第一批觀察報告的結集，在未來他應該會持續地提供我們更廣闊、更深入的體驗，因為據我所知，這只是他對日本深入觀察計畫的初步段落而已。

（本文作者為知名導演、廣告人）

附錄

篇名	發表時間
〈永田町的焦慮和等待〉	二〇〇九、三、一〇
〈日本兩大家族世襲之戰〉	二〇〇九、五、一九
〈麻生末年的鳩山之亂〉	二〇〇九、六、一六
〈逆風中的刺客〉	二〇〇九、八、二五
〈平成維新的松下派大將〉	二〇〇九、九、二二
〈通產官僚們的夏天〉	二〇〇九、十一、一七
〈兩好三壞的鳩山投手〉	二〇〇九、十二、一
〈鳩山政權的影舞者〉	二〇〇九、十二、一五
〈特搜部與小澤的戰爭〉	二〇一〇、一、一九
〈現代龍馬何處尋〉	二〇一〇、三、二三
〈奇兵隊長菅直人〉	二〇一〇、六、一五
〈眾人之黨初試啼聲〉	二〇一〇、七、一三
〈美日的政治探戈〉	二〇〇九、三、一七
〈在中國沙漠中澆水〉	二〇〇九、三、二四
〈「馬」路上看見小蔣影子〉	二〇〇九、四、七

〈當中國大陸台灣化〉	二〇〇九、四、一四
〈跨越國境的離島情誼〉	二〇〇九、五、五
〈揮之不去的北國鄉愁〉	二〇〇九、五、二六
〈不能說的祕密〉	二〇〇九、七、二八
〈大風吹來沖繩的美軍〉	二〇〇九、八、一八
〈東亞共同體的三國演義〉	二〇〇九、十、一三
〈當《紅燈記》不再有鳩山〉	二〇〇九、十、二〇
〈二重橋畔的悔恨與救贖〉	二〇〇九、十、二七
〈重返憂慮的前線〉	二〇一〇、一、五
〈兩條美人魚救沖繩〉	二〇一〇、五、一八
〈丹羽宇一郎看中國〉	二〇一〇、七、二七
〈要向左轉了嗎？〉	二〇〇九、三、三一
〈魚河岸別說再見〉	二〇〇九、四、二一
〈菊花與劍的民族〉	二〇〇九、四、二八
〈黑木瞳的相撲記憶〉	二〇〇九、六、〇二
〈日本的MANGA外交〉	二〇〇九、七、二一
〈一手論語一手算盤〉	二〇〇九、九、〇一

〈平成的水戶黃門〉	二〇〇九、九、八
〈森巴舞步迷惑日本〉	二〇〇九、十、六
〈倉本聰的生命禮頌〉	二〇〇九、十一、三
〈職業摔角海海人生〉	二〇〇九、十一、一〇
〈你是左派還是右派〉	二〇〇九、十二、八
〈歲末年終的官邸宣傳〉	二〇〇九、十二、二九
〈豐田軍的桶狹間之役〉	二〇一〇、二、二
〈龍馬風潮即將襲台〉	二〇一〇、十、一九
〈席琳與達比修〉	二〇〇九、五、一二
〈兄弟　人間交叉〉	二〇〇九、六、九
〈苦悶的青春旗手〉	二〇〇九、六、二三
〈就這樣向東走〉	二〇〇九、六、三〇
〈帶給國民夢想和希望〉	二〇〇九、七、七
〈波浪具有人們未知能量〉	二〇〇九、七、一四
〈雜草魂政治家的抉擇〉	二〇〇九、八、四
〈再見富士山的飛魚〉	二〇〇九、八、一一
〈揚名東洋的吳文繡〉	二〇〇九、十一、二四

〈奔向天使的酷斯拉〉	二〇〇九、十二、二二
〈柔道女王的請命〉	二〇一〇、三、九
〈橋下徹的大阪維新〉	二〇一〇、四、六
〈岡田教頭的天堂路〉	二〇一〇、六、二九

Canon 23

INK PUBLISHING

現代龍馬何處尋
寫在日本第三次開國前夕

作　　者　張瑞昌
總 編 輯　初安民
責任編輯　陳健瑜
美術編輯　黃昶憲
校　　對　吳美滿

發 行 人　張書銘
出　　版　INK印刻文學生活雜誌出版有限公司
台北縣中和市中正路800號13樓之3
電話：02-22281626
傳真：02-22281598
e-mail：ink.book@msa.hinet.net
網　　址　舒讀網http：//www.sudu.cc

法律顧問　漢廷法律事務所
劉大正律師
總 代 理　成陽出版股份有限公司
電話：03-2717085（代表線）
傳真：03-3556521
郵政劃撥　19000691　成陽出版股份有限公司
印　　刷　海王印刷事業股份有限公司

出版日期　2010年 11 月 22 日 初版
ISBN　978-986-6135-03-3

定價　300元

國家圖書館出版品預行編目資料

現代龍馬何處尋：寫在日本第三次開國前夕
張瑞昌著.－－初版.－－
台北縣中和市：INK印刻文學,
2010.11　面；　公分.--（Canon；23）
978-986-6135-03-3（平裝）
1.區域研究 2.文集 3.日本
731.07　　99022230

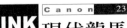